ET Saggi

Dello stesso autore nel catalogo Einaudi

Il mito di Edipo (con M. Bettini)

Io, Agamennone

Giulio Guidorizzi

Ulisse

L'ultimo degli eroi

Einaudi

Pubblicato in accordo con The Italian Literary Agency s.r.l., Milano

www.einaudi.it

ISBN 978-88-06-23560-4

Ulisse

A mio figlio Ulisse e al suo viaggio

Prologo

Il ritorno di Telemaco

A Piero Boitani

«Azzurra e bianca scivola la vela
verso il chiaro orizzonte
dove l'ombra della mia terra si disegna,
il mare percorso dai venti
si apre frusciando sotto la chiglia
spruzzi di spume inquiete
mi bagnano il viso.
Mio padre l'ho cercato tra le strade
viola di questo mare,
tra le scogliere, i promontori ignoti,
sino alla reggia di Nestore
e alle case ben costruite di Sparta.
Nessuno sa, certo le sue ossa
si disfano disperse sulla riva
di qualche isola ignota
e la gloria di Ulisse
si è consunta con loro,
oppure l'abisso del mare
lo abbraccia muto
insieme alle sue gesta,
dimenticate e vane,
nessuno che lo ricordi e che lo pianga.
Solo, tra nemici,

arrivo alla mia Itaca,
non avrò la voce di un padre a salutarmi».

Angosciato Telemaco s'avvia
per l'erta di sassi,
con un gran vuoto nell'anima
e vuota è anche la strada
se non per due figure
a mala pena visibili a distanza
il suo vecchio porcaro
e accanto uno straccione forestiero.

Onéirata

Aspettando che torni: le notti di Penelope

Le sbarre del telaio illuminate dal braciere disegnano ombre sul soffitto, come una gabbia. Fuori, una luna immensa fa vibrare le onde nella baia, e ancora piú lontano attraverso il vano del loggiato s'intravedono le sagome scure di altre isole, nitide nella luce argentata. Sempre le stesse ombre, sempre un orizzonte chiuso, sempre questa terra aspra, angusta; Ulisse prima di morire ne avrà viste molte altre di isole chiare nel sole. Se davvero è morto.

È un'isola piccola, e cupa, Itaca. Piccoli uomini, pastori e contadini; niente di eroico e terribile, niente di grande, niente come il palazzo grondante sangue di Agamennone a Micene, popolato di fantasmi, o quello di Menelao a Sparta, illuminato dalla bellezza abbacinante di Elena. Niente maschere d'oro sul volto dei re morti. Il vecchio re Laerte si è ritirato in campagna, come un contadino, e quando morirà lo avvolgeranno in un sudario e poi lo cremeranno su una catasta di legna. Non sarà suo figlio ad accendere il rogo, è scomparso in mare. Forse lo farà suo nipote Telemaco, ammesso che non sia eliminato prima da chi vuole impadronirsi del trono. Niente giochi funebri a Itaca, come quelli che si celebrano per i grandi, per Achille o per Patroclo.

Gente gretta; uccidono maiali e capre, si ingozzano di carne; quando arriva qualche straniero gli si affollano intorno, con i loro rozzi abiti stinti, per carpire qualche notizia da fuori. Altrove nel mondo si vive, qui sembra che tutto sia in un perenne dormiveglia. La terra ha larghe strade, dicono i cantori; ma a Itaca non vi è niente di davvero largo e grande, neppure gli uomini. E questa notte, bella da fare rabbrividire, pare sempre la stessa, uguale a centinaia di altre notti.

Il letto, vuoto; tra poco chiudendo gli occhi per Penelope inizierà la folla dei sogni inquieti, simili anche loro l'uno all'altro da centinaia di notti. Telemaco è cresciuto senza un padre; di Ulisse ogni tanto qualche viaggiatore raccontava le imprese sotto Troia, a allora lo sguardo del bambino si illuminava, e per un po' sembrava allegro e spensierato, giocava con i coetanei, si allenava con l'arco. Poi, da molti anni, nulla. Nessun viaggiatore, nessun marinaio che riferisca qualcosa di certo. Nessuno.

La stanza delle donne è al primo piano; lí vive la regina insieme alle ancelle. È un piccolo mondo: l'*oikos*, la casa, che non è solo un edificio ma un insieme nello stesso tempo sociale e architettonico. Uno spazio verticale: sopra, le donne e il talamo; sotto il *mégaron*, la grande sala dove si svolge la vita comune; sotto ancora la dispensa che contiene i tesori della casa.

L'identità di una famiglia, in questo mondo, non è fatta solo dalle persone, ma anche dai beni che generazione dopo generazione sono stati accumulati. La dispensa dunque non è solo un luogo nello spazio ma nel tempo: si conservano i cimeli degli antenati, le ricchezze raccolte e la memoria di ogni singolo oggetto e veste. Neppure i pretendenti osano entrare lí: quello è il cuore dell'*oikos*, nessuno se non un predone oserebbe violarlo. La scala che porta dal talamo alla sala comune è una specie di soglia che divide due mondi, quello silenzioso e appartato delle donne da quello chiassoso e pubblico degli uomini. Poche volte, quando ci sono i pretendenti, Penelope varca quella soglia che la conduce dallo stato di attesa e di sogno a quello della vita. E quando con il velo sul capo e gli occhi bassi attraversa la grande sala invasa da una gioventú insolente, gli schiamazzi si attenuano e tanti occhi scuri la seguono pieni di cupidigia, lei ne sente la violenza e il desiderio.

La sposa del re! Quanta invidia c'è nelle brame di tanti giovani uomini. Essere nel letto di Ulisse, stringere la donna che le sue braccia hanno stretto tanti anni fa! Chissà se Penelope ancora le ricorda. Nessuno di loro però sarà mai come Ulisse, e lo sanno. Ma almeno, averne la donna! E godere della rabbia impotente del figlio, un bamboccio che sarà facile levare di mezzo. Nessuno c'è tra loro che non sia in fondo all'animo codardo e piccino, anche se si comporta da arrogante davanti agli altri.

Penelope non li guarda mai negli occhi, ma alcuni di quegli occhi la accompagnano e talvolta la seguono nei sogni, confondendosi con quelli di Ulisse. Antinoo, cosí insolente e crudele, anche se lei non vuole talvolta lo incontra dopo essersi addormentata, e Ulisse lo uccide; ma talvolta capita che sia lui a uccidere Ulisse, e Penelope all'alba se ne vergogna. Altre volte, come fanno i sogni, le immagini si mescolano e Ulisse d'improvviso assume i contorni di Antinoo. Come sarà ora Ulisse, dopo vent'anni? Avrà molti fili bianchi tra i capelli, tante rughe sul volto, cicatrici? Lo sogna sempre come lo vide il giorno della partenza. Altre volte le capita di sognarlo insieme a una donna con lunghi capelli, sulla riva del mare vicino a una grotta, e Ulisse la guarda e vorrebbe parlarle, ma la donna lo prende per mano e lo conduce dentro la grotta. Allora Penelope si sveglia, con i morsi della gelosia nel cuore. I sogni sono veri e falsi nello stesso tempo, le immagini si confondono. Penelope sa che da qualche luogo Ulisse, o il suo fantasma, le vuole mandare un messaggio, ma non capisce quale. Sono falsi certo, ma quanto belli, i sogni in cui il suo sposo appare sulla soglia della stanza, con la stessa veste bianca e un fermaglio d'oro con una testa di leone, con cui l'aveva visto per l'ultima volta: sembra vera e vicina, questa figura, ma quando Penelope si sveglia non c'è.

Quasi vent'anni sono passati da quella notte, in cui una luna immensa come quella di stasera illuminava i due giovani corpi nudi in quel grande letto.

«Euriclea mi ha detto che è arrivato al palazzo un vecchio cencioso, dalla parlantina sciolta. Gran novità! Come tanti altri mendicanti in cerca di un pezzo di pane e di un angolo dell'atrio in cui dormire, anche quest'uomo dirà di avere sentito da qualche parte notizie su Ulisse che sta ritornando. Ma no! Le uniche notizie mi vengono dai sogni. Che Troia sia andata in cenere si è saputo, certo, e che sia stata l'astuzia di Ulisse a conquistarla anche. Ma di lui niente. Anche questa notte la passerò sola, eppure sarebbe bello sentire un corpo vicino a me, nel grande letto.

Quell'uomo è stato mio sin dall'inizio, dalla prima volta in cui mi è comparso davanti. È stato il destino a farmelo incontrare, e ora dico che è stato un destino amaro. Ma sono gli dèi a imporcelo, dobbiamo accettarlo. Forse ora potrei essere la sposa di un altro, un nobile della mia terra con molti cavalli e molti servi, e avere attorno a me una famiglia potente e ricca, e invece sono sola, con un figlio che non parla mai e un vecchio suocero senza piú voglia di vivere che passa la vita in un campo, come un bracciante, a potare viti e innestare meli.

Vecchi e fanciulli, ecco la mia compagnia, e quest'isola piccola, soffocante. E poi una folla di giovani schiamazzanti che mi corteggiano, nessuno mai neppure lontanamente simile a Ulisse. Centootto pretendenti: neppure Elena ne aveva tanti! Si sono radunati qui per me, dicono. È un pretesto, vogliono avere la sposa di Ulisse, vogliono uccidergli il figlio, vogliono avere il letto e il potere del re di Itaca. Non vogliono me. Questo è chiaro. A chiunque. Anche a loro stessi che si aggirano come mosche nelle mie stanze, attorno alle cose che furono di Ulisse. Alcuni sono belli, ma si capisce che non faranno mai niente di grande e unico. Danzano bene, è un incanto vederli, hanno sulla pelle il profumo fresco della giovinezza, si godono le gioie della vita, sono allegri, frivoli. Molte donne li vorrebbero come sposi. Ma nessuno di loro conosce la vera passione, quella che ti toglie il respiro e incendia i tuoi giorni. Anche aspettare qualcuno è una passione, e la mia è aspettare Ulisse.

Non hanno combattuto guerre, questi giovani, non hanno mai visto la morte in faccia, non sono mai stati i primi in niente. Una generazione di mediocri ha sostituito quella dei grandi uomini che ho conosciuto. Come potrei offrire il mio corpo, che è stato di Ulisse, a gente cosí misera? A nessuno di loro interessa capire com'è fatta l'anima di un essere umano, quali sono i suoi pensieri e che cosa veramente desidera una donna come me. Ulisse sí, lo aveva capito. Ho cominciato a sentirmi sua la prima notte che ho trascorso con lui e ancora mi sento sua; per un altro, sarei un tizzone spento.

Tutta la grandezza di questa terra se l'è portata via

Ulisse, quando è partito insieme ai suoi compagni, scelti uno per uno. Ho capito che era un uomo grande, il giorno in cui decisi che sarebbe stato il mio sposo per sempre. Lo sguardo pieno di audacia e intelligenza, occhi neri che ti penetravano e comprendevano cose che neppure tu sapevi di te stessa, ma senza arroganza. Ulisse sa pensare il prima e il poi, sa dove vogliono andare le persone anche quando ancora loro non lo sanno. Ecco quel che di lui mi affascinò quando lo incontrai per la prima volta, poco piú di una bambina, a casa di mio padre: sapeva esattamente dove voleva andare, e come».

Il matrimonio di Ulisse e Penelope era avvenuto senza splendore, ma in quel modo accorto e discreto con cui sempre Ulisse costruí la sua vita. Erano i giorni in cui gli uomini piú nobili si radunarono a Sparta per chiedere in sposa Elena, la cui fama di bellezza si era diffusa ovunque. Non si era mai vista una donna cosí, nessuna che portasse con sé l'amore e il desiderio in ogni movenza e in ogni parola, come se Afrodite l'avesse avvolta nella sua magia. Si diceva che, se Zeus avesse raccolto tutta la bellezza del mondo, e l'avesse divisa in dieci parti, a Elena ne sarebbero toccate nove. Si raccontava che fosse figlia di Zeus, perché nessuna donna mortale poteva essere cosí perfettamente bella. Sposare Elena era come sposare una dea, ed era questo il motivo che aveva spinto tanti uomini famosi ad affollarsi davanti all'atrio di suo padre Tíndaro.

Arrivarono tutti i migliori: il potente Agamennone da Micene, suo fratello Menelao, Idomeneo re della ricca Creta, Aiace il gigantesco, il forte eroe di Salamina, Diomede da Argo e moltissimi altri. Quando Elena apparve in mezzo a loro, dietro al padre, questi uomini alteri sentirono le loro membra sciogliersi, come avviene abbandonandosi tra le braccia del sonno o della morte. Elena passava col viso avvolto in un velo trasparente, che lasciava intuire la perfezione delle guance, una piega leggerissima della bocca perfetta e gli occhi sottili.

Ognuno dei pretendenti portava i doni piú ricchi che potesse esibire, perché quando un giovane desidera una sposa deve offrire un compenso adeguato al padre per la donna che porta via: *hédna*, li chiamano gli Achei nella loro lingua, doni in cambio di una sposa. C'era anche Ulisse tra loro, ma piú per essere presente e comprendere i cuori degli uomini che per aspirare alle nozze. Sapeva che i suoi doni erano troppo poveri. E che una sposa cosí bella non l'avrebbe mai seguito a Itaca, e anche se fosse accaduto tutti avrebbero cercato di rubargliela. Fu l'unico che non desiderò mai Elena, neppure per un momento, ed evitò di essere preso dal caos di passioni che quella donna sapeva generare in ogni uomo.

Durante i banchetti Ulisse sedeva all'ultimo posto, non alzava mai la voce ma quando parlava gli altri tacevano e ascoltavano, come stregati dalle sue parole; i suoi occhi osservavano tutto ciò che gli accadeva attorno e la sua mente pensava. Stava in disparte.

Giorno dopo giorno, però, questo strano uomo che veniva da un'isola oscura cominciò ad essere rispettato; persino Agamennone gli rivolgeva ogni tanto la parola, e si stupiva di quanto fosse abile nel rispondere. Agamennone capí subito, come devono fare quelli che sono chiamati a comandare: Ulisse non era come tutti gli altri, no, anche se non ostentava ricchezze e non si vantava, era di una specie che lui non aveva mai incontrato.

Intanto il tempo passava e Tíndaro non riusciva a decidersi. Una sera, come per caso, Ulisse si trovò vicino a lui. Tíndaro sorseggiava il suo vino da una coppa d'argento, assorto nei suoi pensieri.

– Tíndaro mai sulla terra si incontrerà un uomo cosí splendido. Da giorni ospiti a banchetto i nobili, immoli buoi, fai scorrere il vino e li colmi di ogni gentilezza. Ma si vede che il tuo cuore è pesante.

Tua figlia dovrai pur concederla a qualcuno, non potrai evitarlo. Troppo grande sarebbe l'offesa fatta a questi re, se li rimandi a casa a mani vuote. Ma se scegli uno, gli altri ti odieranno e forse qualcuno ucciderà te e lo sposo per prendersi la donna piú bella del mondo. Nasceranno sciagure; del resto, io so che dalla bellezza vengono anche mali. Chi avrà Elena dovrà soffrire, è certo. Ascolta però che cosa ho pensato per te.

Domani farai giurare a tutti che chiunque diventerà il suo sposo verrà difeso dagli altri, se mai qualcuno osasse insidiarla. Poi, lascia che sia lei a scegliere: in questo modo non ti farai odiare, e tutti i pretendenti torneranno a casa in pace con te. Se ascolterai le mie parole darai gloria a tua figlia e ne metterai alla prova il giudizio. Ma consigliale di non scegliere Agamennone. Anche se è potente e offre doni splendidi, è troppo superbo per una donna tanto bella e orgogliosa. Ad Agamennone però offri l'altra tua figlia, Clitemnestra. Ti procurerai un alleato potente.

Diceva queste parole, ma nel cuore meditava un altro piano: sempre avrebbe fatto poi in questo modo, Ulisse, pensare due cose insieme.

Cosí avvenne. I pretendenti giurarono ed Elena scelse Menelao. Non era superbo, aveva uno sguardo dolce e occhi azzurri, era biondo e ben fatto. Decise il desiderio del momento, un capriccio di Afrodite, oppure fu il destino a scegliere attraverso gli occhi di Elena, perché molte cose gloriose e tremende sarebbero venute da quella scelta. Menelao ebbe Elena e col tempo divenne re di Sparta. Agamennone si portò a casa Clitemnestra. Cosí le figlie di Tíndaro furono sorelle e cognate.

Ma Ulisse non aveva dato i suoi consigli a favore di Menelao. Tra le giovani spartane che danzavano alla festa della dea Aotis, al sorgere dell'alba, ne aveva vista una non piú bella delle altre, ma con qualcosa di speciale nel muoversi e nella lucentezza del viso. I loro occhi si erano incontrati varie volte, alla luce di quell'aurora, e Ulisse aveva visto nello sguardo della ragazza virtú e intelligenza. Penelope, si chiamava. Quella, era la sposa che voleva portare con sé a Itaca, come gli aveva consigliato suo padre Laerte al momento di partire: scegliere una donna simile a lui, perché è un dono degli dèi trovare in una sposa una mente concorde.

Aiutando Tíndaro, Ulisse aveva aiutato se stesso, e pochi giorni dopo il re suggerí a suo fratello Icario, il padre di Penelope, di dare anche sua figlia in sposa. Poiché anche per lei erano molti i pretendenti, Tíndaro gli consigliò di concederla al vincitore di una gara di corsa, e anche quest'idea era di Ulisse.

Venne il giorno, e Ulisse era presente, il solo straniero tra i nobili spartani. Quando si spogliò per la gara e si mise sulla linea di partenza, Penelope vide il corpo che l'avrebbe abbracciata molte volte nel suo letto: un uomo di modesta statura, ma con muscoli straordinariamente elastici e potenti, una cicatrice sulla coscia sinistra, lo sguardo vigile su tutto ciò che accadeva attorno, che scrutava ogni concorrente e ogni particolare della strada polverosa su cui vi sarebbe stata la corsa. Quando fu dato il segnale, Ulisse scattò in avanti e distanziò gli altri. Sembrava che le sue gambe sfiorassero appena la terra, o che Atena, la sua dea, lo spingesse avanti col soffio.

Vinse facilmente la gara, e conquistò Penelope. Icario però esitava. Non voleva che sua figlia scomparisse per sempre andando a seppellirsi in un'isola lontana; inoltre Ulisse, con la sua intelligenza, gli sarebbe stato utile lí a Sparta. Perciò disse che il suo cuore di padre non avrebbe retto la separazione e propose a Ulisse di stabilirsi a Sparta, dove avrebbe donato agli sposi una bellissima casa. Iniziò un alterco. Icario sembrava irremovibile e del resto aveva il diritto di decidere a suo piacimento. Allora per la prima volta Penelope mostrò di che tempra era fatta: senza parlare, senza voltarsi, si staccò dal gruppo delle donne e montò sopra il carro di Ulisse. Prese le redini e puntò i suoi occhi neri dritti su quelli del padre. Non ci fu bisogno di altro. Figlia e padre si guardarono fissi, e quello fu il loro commiato. Anche Penelope aveva scelto, come Elena, ma la sua fu una scelta senza ritorno. Non era piú la figlia di Icario, sarebbe soltanto stata la donna di Ulisse.

Tre giorni dopo Ulisse e Penelope salirono per la prima volta sul grande letto della stanza nuziale e la ragazza per la prima volta lasciò scivolare a terra la veste davanti al suo uomo, e per la prima volta i loro corpi si intrecciarono.

Tantissime notti sono passate da quella notte. E tantissime sono passate anche da quando Ulisse salpò per Troia con dodici navi, salutò Penelope sulla soglia del palazzo, baciò Telemaco che la mamma reggeva tra le braccia e discese al porto.

Da allora per lungo tempo Penelope, sommersa da un'angoscia infinita, non riuscí a dormire, aspettava di vedere l'alba allargarsi sull'orizzonte, estati e inverni.

Poi Atena la aiutò donandole il sonno e soprattutto i sogni. Lí a parlare era la sua anima vera, mentre di giorno la Penelope che tutti vedevano era vigile ma silenziosa. All'inizio vegliò su di lei Laerte. Un uomo malinconico, che poche volte era uscito dalla sua isola.

Dopo tanti anni, si sentí dire che Troia era caduta e che la vittoria era opera di Ulisse. Allora iniziò l'attesa del ritorno, per Penelope e le altre donne di Itaca. Molte si radunavano ogni giorno sulla riva, aspettando di vedere comparire le vele. I giorni passarono, poi i mesi. Sempre meno erano le donne che facevano la strada dai villaggi alla spiaggia, attendendo tutta la giornata, prima di tornare a casa al tramonto. Poi non andò piú nessuna. Mesi, anni. Le donne pensavano che fossero morti tutti e non sarebbero mai piú tornati; e presero il lutto. Penelope credeva fossero delle pazze. Lei sapeva che Ulisse sarebbe tornato. Il tempo scivolava su di lei e sembrava non lasciare traccia. Capelli neri, occhi che vedevano tutto, come quelli di Ulisse, e poche parole accorte che uscivano dalla sua bocca. Le notti, sempre sola in compagnia dei sogni che non raccontava a nessuno.

Penelope però sapeva, come lo sanno tutti, che i sogni non sono il prodotto della fantasia di chi dorme, no. Sono reali, anche se di una realtà diversa da quella della veglia: sono forme d'aria, *èidola*, immagini, che si muovono da sole e vengono da un luogo remoto, come se avessero un'esistenza propria. Si vedono ombre dei morti, dèi, persone lontane. Entrano nella stanza, si fermano accanto a te, e ti parlano. Chi è saggio ascolta i propri sogni, perché sa che c'è una verità in loro. Questi sono i sogni veri. Poi ne esistono altri, piú confusi e oscuri; ma tutti dicono qualcosa, spesso annunciano cose che stanno per accadere. *Onar idéin* si dice, infatti: «vedere un sogno», non «fare un sogno», perché il sogno non è tuo e tu lo vedi come vedresti una persona reale. Ancora, dopo millenni, i Greci cosí continuano a dire: i sogni *si vedono*, ora come allora.

E dormiva Penelope quando Telemaco partí alla ricerca di suo padre. La mattina Euriclea, con le lacrime agli occhi, era salita nella sua stanza e le aveva bisbigliato all'orecchio che il figlio era salpato nella notte. Il suo cuore si era spezzato, ma non aveva gridato o pianto, non aveva detto una parola. Doveva nasconderlo finché poteva: era circondata da ancelle infedeli che la spiavano in ogni momento andando a riferire tutto ai loro amanti. I pretendenti avrebbero potuto mettere in mare una nave veloce e inseguirlo. Ma fino a sera almeno non se ne sarebbero accorti.

A quel punto era veramente sola. Anche Telemaco forse non sarebbe tornato, come suo padre. Il mare aveva inghiottito tutti i suoi amori. Prigioniera in quella sciagurata isola che la stringeva; come un uccello chiuso in una gabbia che vorrebbe volare e vedere il cielo e invece deve stare prigioniero, fino a quando una mano amica gli apre la gabbia. Ma questa mano per lei sembrava non esistere.

Si rimise al telaio. A poco a poco dalle sue mani presero forma altri uccelli variopinti, che volavano sopra gli alberi. Poi iniziò a tessere una nave, ma si fermò a metà, terminò soltanto una vela gonfiata dal vento. Cosí trascorse quella giornata e venne la sera; solo allora sentí voci concitate nella sala di sotto e capí che i pretendenti avevano saputo. Ma nessuno salí da lei.

La notte seguente, con le membra abbandonate nel sonno pianse, sognando Telemaco assalito dai pretendenti. Vedeva la sua nave bloccata dalla bonaccia, e quella dei pretendenti avvicinarsi velocemente. Agitavano lance, ridevano, uno schiamazzo violento; Telemaco però pareva non accorgersene nemmeno e continuava a tenere il timone guardando davanti a sé verso l'orizzonte, lei avrebbe voluto gridare per avvertirlo, ma la voce non le usciva.

E poi Atena, forse impietosita dai suoi gemiti, aveva plasmato un fantasma d'aria e lo aveva soffiato dentro la stanza dove stava dormendo Penelope, che vide un vapore bianco filtrare da sotto la porta, condensarsi fino a formare un'immagine, della consistenza di un pallido fantasma, ma con colori, forma e voce umana. Era una donna: sua sorella Iftime, sposa di Eumelo re di Tessaglia. Il sogno si fermò sopra il capo di Penelope.

– Tu dormi, cara sorella, e pensi a tuo figlio, e vedi sogni cattivi. Ma gli dèi non vogliono che ti affligga e mi hanno mandata a te come sogno vero per dirti che tornerà.

– Perché sei venuta sin qui, – rispose Penelope a quell'immagine, – tu che abiti tanto lontana? Ecco, io piango perché ho perduto lo sposo, e ora perdo anche mio figlio, che il mare ha inghiottito come suo padre, ma lui è giovane, senza esperienza, nessuno gli ha insegnato le parole da dire e le cose da fare. Ora sono sola e dovrò accettare che un uomo, Antinoo o qualcun altro, salga sul letto di Ulisse insieme a me, e dovrò passare con lui tutte le notti che mi restano.

E il bianco fantasma rispose:

– Abbi fiducia, assieme a lui sulla nave siede Atena, nessuno farà del male a Telemaco, lo rivedrai presto.

– Ma se tu sei un sogno vero, – rispose ancora Penelope, – oppure un dio in forma di sogno, dimmi, Ulisse vive ancora o è scomparso per sempre?

– Di lui non so niente, non vedo con chiarezza, – disse la pallida immagine svanendo come un soffio di vento.

Penelope si risvegliò. Nel suo cuore si agitavano tante emozioni diverse: paura, ansia, speranza. L'aurora si stava allargando nel cielo. Corse sul loggiato a scrutare il mare che a poco a poco rischiarava, mentre il sole comparendo all'orizzonte lentamente ne faceva fiamme. Nessuna vela, vuoto. Nessuno.

Xenía

Tori per Poseidone: il viaggio di Telemaco

Mentre i pretendenti banchettavano e ridevano, nella grande sala entrò un uomo. Sembrava che soltanto Telemaco lo vedesse perché gli altri continuarono nei loro bagordi senza curarsene. Aveva occhi azzurri e verdi come il mare; Telemaco, che sedeva silenzioso in disparte, fu preso da una strana ventata di energia all'arrivo dello straniero. Gli si avvicinò.

– Sei il benvenuto, chiunque tu sia, siedi accanto a me e accetta quanto ti offro.

I servitori portarono loro carni e pane, poi versarono il vino. Quando ebbero diviso il cibo e il vino, l'uomo parlò, guardando Telemaco fisso negli occhi.

– Tu certo devi essere Telemaco, il figlio di Ulisse. Sono Mente, re dei Tafi, un antico ospite di tuo padre. Mi avevano detto che era tornato in patria dopo molti anni; per questo sono entrato nel vostro palazzo.

Connobbi Ulisse tanti anni fa. Stava tornando da Efira in Epiro, dove era andato a cercare il veleno mortale che producono quegli uomini, per ungere la punta di bronzo delle frecce. È micidiale: basta un graffio e in pochi istanti un uomo è morto. Ma il re Ilo, che ne custodiva il segreto, non glielo volle rivelare per rispetto agli dèi: è un atto malvagio uccidere un uomo con il veleno.

Allora fu ospite nella mia casa; entrò nella sala come può fare un uomo forte, imbracciava uno scudo di bronzo, un'ascia a tracolla e una lancia in mano. Depose le armi e dividemmo il cibo e il vino, come fai tu ora con me. Poi lo accompagnai alla nave e lo guardai partire. Teneva lui stesso il timone, doppiò il promontorio e scomparve nel vento. Era molto giovane allora, forse di pochi anni piú grande di te.

– Io, – rispose Telemaco, – non so condurre una nave e non sono mai uscito da Itaca. Di mio padre ho solo sentito dire.

Non lo chiamava mai per nome, non diceva mai Ulisse, solo «mio padre». Questo era il suo modo di attendere, molto diverso da quello di Penelope. Del resto, madre e figlio si parlavano poco e poco si capivano.

L'uomo che sedeva davanti a lui tacque alcuni istanti, osservandolo coi suoi occhi glauchi che non sembravano nemmeno umani.

– Davvero hai un aspetto nobile e cortese. Ma troppo appartato ti tiene tua madre Penelope –. Mentre parlava i pretendenti danzavano, immemori di tutto, le ancelle ridevano. Ogni tanto, qualcuna scompariva dalla sala, e uno di loro la seguiva ostentando la propria sicurezza. Mente scosse il capo. Poi riprese.

– Non vedranno giorni felici, questi uomini, stanne certo, com'è vero che esistono gli dèi. Tu però, Telemaco, non sei piú un ragazzo e devi mostrare da che sangue discendi. Ascolta il mio consiglio: raduna in assemblea il popolo, come un tempo faceva Ulisse. Dimostrerai loro che sei il figlio del re: prendi in mano lo scettro, parla, afferma i tuoi diritti. Nessuno ti darà ascolto, lo so, perché Itaca è piena di nemici. Ma ti comporterai da uomo. Appena puoi procurati una nave e parti alla ricerca di tuo padre. Gli dèi ti aiuteranno. Naviga, informati: forse Ulisse è prigioniero, forse sta per arrivare, dopo avere viaggiato per il mare e raccolto ricchezze. Non si può abbandonare un padre al suo destino, cercalo.

Cosí farai anche conoscere il tuo nome fuori da questa isola, e si parlerà di te. Uno di cui nessuno parla non esiste, come la gente che ti circonda. Sono arroganti qui tra questi scogli, ma ignoti nel mondo. Tu no, Telemaco, ma ancora non hai capito chi sei. Quando Ulisse tornerà, non deve trovare suo figlio come sei tu ora, un ragazzo inerte. Vai a Pilo da Nestore, a Sparta da Menelao, so che sono tornati da molto tempo. Erano amici di Ulisse, ti aiuteranno.

Dopo che ebbe pronunciato queste parole i due si salutarono e come Mente aveva suggerito il giorno seguente gli araldi convocarono l'assemblea. Ma nulla fu deciso, almeno in apparenza: in realtà era cambiato quasi tutto, e tutto era nuovo agli occhi di Telemaco perché capiva che il tempo fermo da anni si era rimesso in moto e ora le innumerevoli giornate vuote, le une sempre uguali alle altre, erano finalmente terminate. L'odio, il rancore, la volontà di potere, furono detti. Vennero in pochi: gli uomini di Itaca erano disabituati a radunarsi e decidere. Che c'era poi da decidere? Pericoli non se ne erano mai presentati, Itaca viveva in una specie di perenne crepuscolo, senza mai niente di nuovo. Alcuni nascevano, altri morivano, cosa ci poteva essere oltre? Il mondo degli eroi con la loro disperata febbre di gloria era lontano, come se appartenesse a un'altra epoca.

Telemaco parlò della prepotenza dei pretendenti, ed egli stesso si sorprese di come anche nell'ira fosse riuscito a trovare le parole adatte per dire il suo sdegno, ma quasi non lo lasciarono finire. Alcuni si allontanarono, prudentemente; qualcuno si alzò a lamentarsi: – Ulisse ha portato via i nostri figli, convincendoli a combattere a Troia. Dove sono, ora? Chi ce li renderà?

I pretendenti avevano amici e parenti ovunque a Itaca. Telemaco invocò la giustizia degli dèi e le regole che da sempre si erano usate, che gli ospiti non consumassero i beni di chi li ha ospitati. Infine chiese che gli si desse una nave per andare a cercare suo padre.

– Ma quale giustizia invochi? – lo aveva interrotto Antinoo. – Chi stiamo offendendo? È giusto che quest'isola abbia un re, il popolo ha bisogno di una guida e Ulisse è morto. Accetta che tua madre scelga uno di noi e goditi in pace i tuoi beni.

Tutti però sapevano che questo era impossibile; Ulisse sarebbe sempre potuto tornare, un giorno o l'altro. E se invece era morto, il nuovo sposo della regina sarebbe diventato l'uomo piú potente di Itaca, il vero re. Allora per Telemaco la vita sarebbe stata breve, a meno che non fosse andato in esilio, come un ramingo senza patria, lasciando al patrigno la casa e i beni. Non c'era scelta. I pretendenti non avrebbero abbandonato la reggia, Telemaco non avrebbe dato in sposa la madre. Sangue sarebbe corso, a Itaca.

La gente si disperse, con l'idea che qualcosa di molto brutto stava per succedere. Telemaco si avviò al palazzo, ma nel cuore sentiva una forza tutta nuova, una parte di quell'energia che aveva provato il giorno prima parlando con l'ospite. Ora sapeva che gli dèi non lo avevano abbandonato. Fu allora che un uomo lo avvicinò. Strano: i suoi occhi verdi e azzurri somigliavano molto a quelli dell'ospite del giorno prima, sembravano gli stessi.

– Ti ho ascoltato, Telemaco, e il mio cuore è stato toccato dalla tua rabbia e dalla tua sofferenza. Tu certo hai sentito parlare di me: sono Mentore, e tuo padre mi è stato amico, quando ancora regnava qui. Per questo voglio aiutarti. La nave te la darò io, una nave veloce, a venti rematori, tutti robusti, tutti uomini di mare. Partiremo stanotte; quando l'ombra avrà oscurato il cielo e prima che la luna sorga, scendi al porto e la troverai pronta, ma bada bene che nessuno dei pretendenti ti segua, potrebbe pugnalarti nel buio. Io sarò sulla nave, la rotta per Pilo la conosco bene.

Cosí avvenne. Forse un dio aveva gettato il sonno sulle menti dei pretendenti; alcuni giacevano assopiti nella sala, con le teste reclinate sui seggi, dopo il tanto bere, altri erano tornati a casa. Telemaco scese nella dispensa, che era un grande sotterraneo dall'alto soffitto scavato sotto il palazzo, in cui si entrava dal cortile attraverso una scala. La dispensiera Euriclea, la vecchia fidata a cui Ulisse aveva assegnato l'incarico tanti anni prima, dormiva in una piccola stanza vicino alla scala: solo lei possedeva le chiavi della solida porta di legno della dispensa. Lí stavano tesori di ogni genere: perché Ulisse e i suoi antenati erano uomini accorti e tenaci nell'accumulare. Orci di olio e di vino erano allineati lungo i muri e accanto erano accatastati sacchi di farina bianca, pronta da usare per il pane; cassapanche di legno ben lavorato piene di vesti, vasellame d'oro e di bronzo, profumi. In fondo, appeso al muro, si distingueva nella penombra fuori dal cerchio di luce della fiaccola la forma curva del grande arco di Ulisse, che veniva unto e conservato con amore da Euriclea perché il padrone lo potesse trovare pronto, se mai fosse tornato.

Telemaco ordinò che lei sola riempisse dodici orci

di vino e versasse nei sacchi venti misure di farina. Le fece giurare di non rivelare nulla alla madre prima della partenza, e di tacere con tutti; la vecchia piangendo tentò di dissuaderlo da un viaggio cosí pericoloso, ma promise e cominciò a preparare le provviste. Aggiunse anche due belle vesti bianche per Telemaco, se mai fosse entrato nel palazzo di qualche re, e un grande fermaglio d'oro con un sole sbalzato, opera raffinata e preziosa di un orafo di Creta.

Il sole era ormai giunto al tramonto, l'ombra strisciava a poco a poco sulle strade di Itaca. Quando tutto fu quieto, Telemaco discese al porto e vide la nave che galleggiava pigramente sul mare fermo.

Dopo che l'equipaggio ebbe caricato a bordo le provviste, i marinai tolsero gli ormeggi, remando silenziosi sino all'imboccatura della baia e lí alzarono l'albero di legno d'abete, lo fissarono bene nella sua guida, poi lo assicurarono con solide sartie di cuoio e sciolsero la vela. Mentore reggeva il timone, e i suoi occhi brillavano luminosi nel buio, simili a quelli di una civetta. Ed ecco che d'improvviso il vento gonfiò la bianca vela, un vento gagliardo, favorevole, e la nave cominciò a danzare sulle onde che ribollivano sotto la chiglia, e dietro la poppa la scia si allungava chiara nella penombra notturna. La notte era limpida, le stelle si distinguevano tutte, e in alto brillavano l'Orsa e il Grande Carro, segno chiaro per i naviganti.

«Quella che si vede oltre le rive di sabbia è Pilo, certamente. Il palazzo di Nestore si disegna sulla collina come una macchia chiara, tra gli ulivi argentati scossi dal vento. Nestore, dicono, è ancora vivo; quanti anni gli pesino sulle spalle nessuno lo sa, nemmeno lui. Era già vecchio quando si combatteva sotto Troia, e ora sono passati altri dieci anni.

Sulla spiaggia vedo già disposte tavole, bracieri e pelli di pecora per sedersi piú comodamente a banchettare. Nestore è un uomo dai gusti semplici, all'antica. Piú dietro, una fila di carri da guerra circonda la zona della festa, e da lí ogni tanto lampeggia qualche riflesso dal bronzo delle armature. Nestore è anche un uomo prudente, tutti lo sanno: vuole evitare che un attacco improvviso di predoni lo trovi indifeso. Certo non potrà respingere il figlio del suo vecchio compagno d'armi, Ulisse, con cui ha condiviso dieci anni di pericoli. Glorioso mio padre, oscuro io, Telemaco, che non sono capace di allontanare dalla mia casa un gruppo di canaglie arroganti. I carri sono vicini. Tra poco scenderò sulla sabbia dorata».

Dal gruppo si staccarono due carri veloci, volevano interrogare gli stranieri per sapere chi erano e da dove venivano. Chi sei tu? Di chi sei figlio? Qual è la tua patria? Furono le prime domande che fecero. Ma nessuno avrebbe scacciato Telemaco, non si allontanava uno sconosciuto a meno che non fosse un maledetto e un contaminato. Un ospite, uno *xénos*, è un dono degli dèi, insegnavano i vecchi ai piú giovani. A chiunque un giorno sarebbe potuto capitare di essere accolto. Lo straniero doveva essere ospitato, e gli si dovevano offrire doni. E lui a sua volta poi avrebbe ricambiato. Nessuno appartiene soltanto a se stesso e alla sua famiglia, oltre questa cerchia ci sono altri uomini cortesi e generosi: lí si formava la rete delle amicizie e delle alleanze che si propagavano di generazione in generazione. Ci si poteva essere scontrati in guerra, in eserciti nemici, ma anche cosí nessuno avrebbe alzato una mano su un ospite o sui suoi figli: era un legame sopra tutti gli altri, al di fuori della famiglia.

Quando li condussero dal re, alla luce delle fiaccole il viso di Nestore sembrava ancora piú vecchio, di una vecchiezza assoluta. Gli occhi semichiusi, come due fessure, ma vivi, lucidi, imprigionati da un intrico fitto di rughe; beveva vino dalla coppa d'oro a piccoli sorsi pensando alle parole giuste da dire. L'arte di parlare la conosceva bene, e anche quella di dare saggi pareri. Aveva visto piú cose di tutti gli altri uomini viventi, per questo nulla poteva sorprenderlo. Aveva attraversato tutta la sua lunga vita con coraggio e prudenza, ed era ancora lí, a regnare sul suo popolo in pace. Sembrava che gli dèi gli avessero donato giorni infiniti, oltre che una mente accorta.

Scosse la testa, i suoi occhi di vecchio si chiusero, certo stava ricordando la notte della presa di Troia.

– Troppa ferocia, troppo sangue versato. Dopo, iniziammo a discutere, ed eravamo tutti eccitati, quasi folli. Menelao voleva partire subito, non gli pareva vero di essersi ripreso Elena. Lei, bella come dieci anni prima, lo aveva aspettato sulla soglia socchiusa della sua stanza; Menelao aveva la spada sguainata ed era incerto se ucciderla per vendicare il suo onore o riprendersela, tanto era soggiogato da quegli occhi. Non doveva vederla, doveva farla sgozzare da qualcuno dei suoi, perché era chiaro che non avrebbe potuto dirle di no.

Elena lo stava aspettando. Quando lo vide arrivare torvo e sporco di sangue dischiuse la porta lasciando aperto un pertugio da cui si sarebbe potuto accorgere che Deífobo, l'uomo che era diventato suo marito dopo la morte di Paride, giaceva nel letto riverso. Accanto, un pugnale insanguinato. L'aveva ucciso lei nel sonno, dicono, appena aveva percepito l'arrivo degli Achei. Oppure era stato qualcun altro, penetrato nella stanza. Del resto, Elena non amava Deífobo; il suo uomo era Paride, che era già morto. Con Deífobo aveva dovuto sposarsi per obbligo, era il figlio piú adulto di Priamo rimasto in vita. Io non lo so precisamente, ma immagino che sia stato tuo padre Ulisse a consigliarla, quando si incontrarono di nascosto in città alcune settimane prima, e lei non lo denunciò.

Troppo bella per ogni uomo, e un cuore in cui nessuno avrebbe potuto fare breccia. Elena lo guardò, come se dieci anni non fossero mai passati. No, una donna cosí non sarebbe mai stata sottomessa. Non aveva paura. Non pregò, non supplicò. Non abbassò gli occhi. Allora, in silenzio, Menelao le prese la mano e uscirono cosí, davanti a tutti. In questo modo era finita la guerra, con due sposi che si guardavano come se si fossero appena incontrati, mentre attorno si sentivano urla e lamenti. Ma questa è la volontà degli dèi, non siamo noi a decidere. Quella notte vi fu molto amore nella tenda del re spartano.

La sera seguente fu convocata un'assemblea. Menelao era ansioso di partire con la sua sposa, quel luogo di morte e di sofferenza gli era diventato odioso, dopo dieci anni di attesa. Agamennone invece voleva fermarsi alcuni giorni; perché abbandonare subito la città della sua gloria? Inoltre, c'era tanto che si poteva fare: ricchezze da cercare meglio tra le rovine e occuparsi di quei pochi Troiani che erano stati risparmiati con le loro famiglie perché ospiti di Agamennone. Altri erano scomparsi; di Enea si diceva che fosse fuggito tra i monti con un gruppo di gente, bisognava cercarlo e ucciderlo, oppure catturarlo. Troia doveva rimanere un cumulo di rovine, per sempre.

Soprattutto, bisognava sacrificare agli dèi e purificare l'esercito. Nella furia, erano stati violati e saccheggiati santuari. Priamo sgozzato sull'altare di Zeus era un atto troppo empio per non essere espiato. Il cadavere, Agamennone l'aveva fatto cremare e seppellire sotto un piccolo tumulo, non lontano da quello di Ettore, in modo che padre e figlio potessero riposare insieme per tutto il tempo che sarebbe venuto.

Vi furono alterchi, litigi, in quell'assemblea, nessuno parlò con saggezza, gli dèi ci avevano tolto il senno. All'alba, che sorse con una luce livida in mezzo alle fiamme non ancora spente, alcuni di noi decisero di partire. Caricammo le prigioniere e il bottino sulle navi e le tirammo in mare. Partimmo dunque insieme con le nostre flottiglie, Menelao, io, Ulisse, Diomede, qualche altro. Un vento propizio ci faceva volare sulle onde e arrivammo subito all'isola di Tenedo.

Durante la navigazione accadde però qualcosa che fece cambiare idea a tuo padre. Tu certo conosci la storia delle armi di Achille.

– A Itaca ne è giunta notizia, – rispose Telemaco, – tanti anni fa; me l'ha raccontata uno dei miei servi piú fedeli, un guardiano di maiali, che l'aveva saputo da mercanti. È un uomo buono e d'animo nobile, però. Un tempo andava a caccia insieme a mio padre, poi fu mandato in campagna a curare gli animali. Mia madre mi ha detto che Ulisse lo aveva lasciato a casa apposta perché la proteggesse, di nascosto.

Nestore non sembrava averlo neppure sentito. Continuò a parlare.

– Ulisse, tuo padre, aveva legato alla poppa della sua nave un trofeo meraviglioso, le armi di Achille che gli erano state concesse come premio. Ah sí, ricordo quella contesa! Le armi erano nel mezzo dell'accampamento, scintillanti. C'era ancora qualche macchia del sangue di Achille su di esse e questo le rendeva ancora piú preziose.

Agamennone aveva proclamato che sarebbero dovute andare al migliore di tutti. Non voleva prenderle lui, e lo capisco. Achille gli aveva sempre dato ombra, ne era stato anche un po' invidioso. E poi, voleva che i principi litigassero tra loro, in modo da poterli governare meglio.

Dopo Achille, senza paragoni il piú forte era Aiace, l'eroe di Salamina. Un gigante, pieno di cicatrici, un uomo che non fuggí mai, e in cento occasioni salvò i suoi compagni. Superava tutti gli altri di un'intera testa. Non era capace di mentire, dalla sua bocca usciva sempre e solo il suo pensiero. Questo fu il suo danno, perché un principe deve essere valente in battaglia, ma anche bravo in assemblea, a parlare e a dare i consigli migliori e a volte deve dissimulare. Ad Aiace gli dèi avevano fatto solo il primo di questi doni.

Ulisse però non pensava di essere da meno; Aiace certo era possente, ma lui sapeva di avere qualcosa di piú forte ancora della forza. Nella nostra lingua la chiamano *métis*, intelligenza; è la capacità di vedere insieme il prima e il poi, di piegare gli altri alla propria volontà, con pazienza e chiarezza di mente. Ingannava, mentiva, sempre in modo perfetto e sempre in modo da sembrare nel giusto. E poi era capace di convincere la mente degli uomini con le sue parole, e la sua voce era dolcissima. Saresti rimasto per ore ad ascoltare i suoi racconti, senza ricordarti né di mangiare né di bere.

Cosí il giorno della contesa convinse tutti che era lui quello piú adatto ad avere le armi. Aiace sapeva solo combattere faccia a faccia, mentre lui sapeva tendere imboscate, aspettare il momento buono per colpire; e solo lui aveva avuto il coraggio di entrare a Troia travestito da mendicante per spiare. Non bisogna premiare chi sa fare una cosa sola, anche se in modo eccellente, ma chi ne sa fare molte. Ulisse si vantò di essere un *polyméchanos*, uno che sa trovare sempre la via, e sempre aveva trovato la via migliore per tutti noi. Senza di lui non avremmo mai preso Troia.

Dunque le armi le ebbe Ulisse, e Agamennone fu contento: era il suo consigliere. Ma non finí lí. Aiace era stato umiliato pubblicamente e sentiva il suo onore nel fango; si vergognava, si sentiva trattato ingiustamente. Nessun grande uomo può accettare a cuor leggero di perdere l'onore davanti a tutti. Si ritirò nella sua tenda. Io cercai di consolarlo, raccontandogli antichi esempi di uomini che erano stati umiliati per volontà degli dèi, ma che poi gli dèi stessi avevano ricompensato con la gloria.

Non disse parola. Quella notte, pieno di rabbia meditò di uccidere i capi degli Achei e uscí dalla tenda con la spada sguainata; ma gli dèi lo fecero impazzire e scannò i buoi invece dell'esercito, pensando di uccidere noi.

Fu proprio Ulisse ad accorgersene il giorno dopo. Quando Aiace tornò in sé, rendendosi conto dell'enormità senza rimedio che aveva commesso, si gettò sulla sua spada per la vergogna. Lo seppellimmo comunque con tutti gli onori, perché tante volte ci aveva salvato col suo valore.

Ulisse era scosso. Non avrebbe mai voluto che un uomo tanto nobile morisse in quel modo disonorevole. Però l'armatura era sua, una gloria immensa da mostrare a Itaca. Ma nella notte della nostra partenza accadde qualcosa. Le armi erano saldamente legate alla poppa, e il vento spingeva la nave tra le onde levate dal vento, ed ecco che un'onda piú violenta delle altre strappò l'armatura dalla poppa. Nessuno se ne accorse sino al mattino seguente. I poeti dissero poi che erano stati gli dèi a esercitare la loro giustizia e che l'armatura sospinta dalle onde si era arenata al promontorio Retèo, dove era stato alzato il tumulo di Aiace. È bello pensarlo, ma io non lo credo.

Comunque quando Ulisse se ne accorse rimase turbato e pensò che fosse un segno nefasto. Non gli importava piú di quell'armatura, voleva solo riportare a casa i suoi compagni. Ma per farlo avrebbe dovuto prima placare gli dèi e cosí appena arrivato a Tenedo fece rifornimento d'acqua e tornò a Troia per unirsi ad Agamennone. Lo salutai sulla riva, pareva inquieto, mi disse che una volta in patria ci saremmo incontrati di nuovo scambiandoci doni. Quella fu l'ultima volta che lo vidi.

Telemaco ascoltava, e nascondeva nel cuore la sua emozione: era la prima volta in cui gli pareva di incontrare davvero suo padre, attraverso le sue azioni. L'ombra gli sembrava ora un po' meno fitta. L'armatura di Achille! E poteva essere nella dispensa della casa di Itaca, accanto all'arco e agli altri oggetti preziosi, ma gli dèi non avevano voluto. La catena che lo univa a suo padre cominciava a tendersi. Era stato capace di convincere un intero esercito, mentre lui, Telemaco, era stato quasi zittito dalla gente di Itaca in assemblea. Però aveva urlato il giusto davanti a tutti, nessun altro aveva osato sfidare la genia dei pretendenti e la loro altezzosità. E a Pilo Nestore gli stava parlando da pari a pari. Una piccola parte dell'abisso che lo divideva da suo padre gli pareva colmato.

Nestore riprese.

– Uomini ne ho incrociati tanti nella mia vita, e non sbaglio. Tu sei degno di tuo padre, come mio figlio Antiloco era degno di me. Ora però ascolta.

Menelao ha vagato per mare molti anni, prima di tornare in patria. Ha visto genti lontane, ha raccolto tesori, è stato in paesi di cui nessuno ha sentito il nome. È tornato proprio il giorno in cui a Micene Oreste stava offrendo un banchetto funebre per la madre. Aveva appena ucciso gli assassini di Agamennone, Clitemnestra e il suo amante Egisto. Fu fortunato Egisto, perché se Menelao l'avesse trovato vivo dopo quello che aveva fatto a suo fratello l'avrebbe ucciso a poco a poco, avrebbe tagliato in mille pezzi il corpo e l'avrebbe dato in pasto ai cani e ai maiali.

Agamennone e Menelao si amavano davvero, non vidi mai al mondo una coppia piú salda di fratelli. Quello credo che sia stato il dolore piú grande della vita di Menelao, piú grande ancora del tradimento di Elena.

Domani all'alba dunque parti e vai da lui, interrogalo, forse ti potrà dare notizie di tuo padre. Ti darò un carro con due cavalli veloci, i migliori delle mie scuderie, e ti guiderà mio figlio minore, Pisistrato. Prima di sera sarai a Sparta. Menelao è un uomo nobile, saprà come accogliere il figlio di un amico.

Questa notte dormirai qui nella reggia, non sulla nave. Non sia mai detto che il figlio di Ulisse non è stato accolto tra le mura di Nestore! E quando partirai, ti farò un dono, di quelli che si scambiano gli ospiti.

A quel punto Nestore si alzò, e con lui gli altri, e Telemaco capí per la prima volta nella vita che cosa significa essere onorato e rispettato da amici, dai nobili amici di suo padre.

La sera in cui Telemaco era partito, a Itaca non si danzò nel palazzo di Ulisse. Anche Femio, l'aedo, non fu chiamato a rallegrare i banchettanti con le sue storie. Molti dei pretendenti erano rimasti a casa, altri sedevano pensierosi, a gruppi, e si scambiavano parole sottovoce. Nessuno rivolgeva sorrisi alle ancelle o le invitava fuori, nel buio del giardino.

Antinoo ed Eurimaco, i capi, discutevano tra loro.

– E cosí, – diceva Antinoo, – il bamboccio, ha avuto la sua nave. Mentore gliel'ha offerta, e insieme ha arruolato venti marinai; certo Telemaco vorrà mettersi alla loro guida per poi aizzarli contro di noi.

– La cosa strana, – rispose Eurimaco, – è che io stesso ho visto Mentore oggi, al porto; era qui, sono certo, eppure avrebbe dovuto essere con Telemaco in mare.

Antinoo fece un gesto noncurante con la mano.

– Avrai visto male, oppure non è partito con la nave. Che importa? Dobbiamo fare comunque in modo che questo sia il primo e ultimo viaggio di Telemaco.

Eurimaco sorrise.

– I marinai inesperti spesso non tornano.

Sorrise anche Antinoo.

– Vedo qui facce di gente intimorita. Pensano che Telemaco tornerà a Itaca dopo avere arruolato uomini da Pilo o da Sparta, ma questo non succederà. Chi vuoi che si metta in guerra per Telemaco? Non ha ricchezze. Non ha amici. Noi vogliamo soltanto che sua madre si risposi e dia a Itaca un re.

Ascolta, questa può essere la nostra occasione. Lasciamo che Penelope tessa e disfi le sue tele; io stesso sceglierò trenta tra i migliori di noi e una nave veloce. Andrò ad appostarmi nello stretto tra Itaca e Same. In quella zona ci sono buoni approdi e sorgenti. Metteremo qualcuno di guardia su una roccia, e quando avvisterà la nave di Telemaco che sta tornando saremo lí ad accoglierlo.

Nessuno saprà mai niente. Allora, senza sposo e senza figlio, sola con un vecchio suocero inselvatichito, chi proteggerà Penelope, chi potrà impedirci di costringerla a prendere uno di noi?

Dice che non vuole sposarsi per riguardo del figlio. Ebbene, il figlio non sarà piú un ostacolo, tra qualche giorno. Tu bada a inviarci dei viveri, nel frattempo, e vino. Poi, se tra una settimana non mi avrai visto rientrare verrai con la tua nave e mi darai il cambio.

Dopo aver stabilito come agire ne parlarono agli altri; scelsero i trenta piú risoluti e si avviarono alla spiaggia. La nave era pronta; caricarono le armi e le provviste e partirono, remando nel buio come aveva fatto la nave di Telemaco la notte prima. Ma nessun dio li accompagnava.

Poco dopo l'aurora, giunsero su una spiaggia sabbiosa di Same; tirarono in secco la nave, disposero le vedette.

Antinoo si spogliò e si avviò al mare. Il suo corpo era giovane, atletico, perfetto, sapeva di essere il piú bello di Itaca, e le donne lo ammiravano. Soprattutto Melantò, la sua ancella preferita. La notte, nel giardino, cercava il suo corpo, febbrilmente; forse le sue grida di piacere arrivavano sino alle orecchie di Penelope.

Antinoo si contemplò mentre entrava nudo nell'acqua limpida. Ulisse, anche se fosse tornato, vecchio, sfiancato, consunto dalle sciagure, non avrebbe certo potuto misurarsi con lui. Ma Ulisse era morto. Telemaco era l'unico ostacolo.

A Sparta si stavano festeggiando due matrimoni: quello di Ermione, l'unica figlia di Elena, che sarebbe stata mandata in sposa da Neottolemo, il figlio di Achille; e quello di Megapente, figlio di Menelao e una sua ancella, perché Elena ebbe in sorte soltanto una figlia.

Menelao assisteva, in mezzo agli ospiti; ormai quasi tutta la barba e i capelli erano bianchi; Elena invece accanto a lui era ancora perfetta come una dea. Al re si avvicinò il suo scudiero Eteoneo.

– Sono arrivati due giovani su un carro, mio re, i cavalli sono bellissimi. Sembrano figli di principi, hanno un aspetto nobile. Devo dire che girino il carro e cerchino un altro ospite, perché qui si festeggia un matrimonio, oppure li faccio smontare?

Menelao rispose con ira: l'uomo amabile e cortese di una volta era diventato aspro, duro. Da qualche tempo, da quando aveva saputo che suo fratello Agamennone era stato massacrato, il suo carattere era mutato, andava in collera facilmente; a volte cadeva in una profonda tristezza, altre volte sembrava che fosse animato da una profonda rabbia contro l'umanità.

– Sei pazzo, Eteoneo, eppure mi sei sempre parso una persona assennata. Cacciarli via dalla mia tavola? E come potrei accettare che si dica che Menelao respinge gli stranieri? Anche noi siamo arrivati sin qui mangiando molte volte il cibo degli ospiti e sperando che un giorno Zeus ci avrebbe dato il contraccambio. Sciogli i cavalli degli stranieri, e falli entrare, che anche loro condividano il nostro banchetto.

Cosí Telemaco e Pisistrato conobbero l'ospitalità di Menelao. Un gruppo di ancelle dai pepli sottili tolse loro le vesti sudate e impolverate del viaggio, li fece entrare in una grande vasca lucida piena di acqua calda dove galleggiavano fiori odorosi, li lavò con spugne morbide, li unse con olio profumato. Per loro erano pronte bianche vesti e mantelli. Si presentarono a Menelao, e passando ammirarono il palazzo pieno di meraviglie: placche d'oro e di bronzo lucente, avorio intarsiato, oggetti di paesi lontani, smalti, affreschi splendidamente decorati con alberi e cacce al leone. Ma la meraviglia piú bella sedeva accanto a Menelao, Elena, che il tempo non aveva neppure sfiorato.

– Chiunque siate, ospiti, condividete la mensa con me. Poi vi chiederò i vostri nomi, – li accolse Menelao, ma le sue labbra si aprirono in un sorriso, perché guardando Telemaco qualcosa di familiare nel suo volto lo aveva colpito. Capí di chi era figlio e li fece sedere a tavola; e dopo che si furono rifocillati si confidò con lui.

– Ho molto vagato per raccogliere queste ricchezze che ammirate nel mio palazzo. Otto anni, prima di tornare in patria. Sono stato in Fenicia, in Egitto, in Libia, a Cipro; ho ammassato ogni tipo di beni, e fatto preda, e ascoltato i racconti piú strani.

Ora sono qui, ma il mio cuore non è lieto, Telemaco. Troppe cose sono accadute, che non dovevano accadere. Mentre ero lontano mio fratello Agamennone è stato massacrato e perciò io regno senza gioia su molti beni. Vorrei possederne la terza parte, e avere attorno a me mio fratello e i miei compagni morti a Troia, o scomparsi in mare. E devi sapere che un uomo rimpiango piú di tutti: tuo padre Ulisse, vivo o morto che sia.

Quando eravamo a Troia, molte volte nella notte, mentre vegliavamo ammirando la meraviglia del cielo stellato, i nostri cuori erano vicini, e gli ho proposto spesso di trasferirsi da me, lasciando quell'isola di sassi e rovi di cui mi parlava; avrei svuotato una delle mie città degli abitanti e l'avrei data a lui, che la popolasse con i suoi amici e i suoi cari. Saremmo stati accanto sino alla morte, avremmo banchettato, ci saremmo goduti i piaceri dell'amicizia.

Allora anche Elena parlò.

– Tuo padre l'ho ben conosciuto, Telemaco. Era audace ma non folle; non si lasciò mai guidare dai suoi istinti. Lo riconobbi una volta dentro le mura di Troia, quando ero lí prigioniera, – usò questa parola perché sapeva calmare il rancore antico di Menelao. – Si era travestito ed era venuto a spiare. Avresti dovuto vederlo, coperto di stracci come un mendicante, si era tagliuzzato la faccia e l'aveva imbrattata di sangue e sudiciume per fare ribrezzo, tendeva la mano, chiedeva un pezzo di pane biascicando poche parole nella lingua dei Troiani. Ma io lo riconobbi dallo sguardo: era lo stesso che mi aveva colpita al tempo in cui i principi Achei erano venuti a chiedermi in moglie. Anche lui capí che l'avevo riconosciuto; io avrei potuto denunciarlo, lui piantarmi nel petto la spada che teneva nascosta nel mantello. Ma non lo facemmo, nessuno dei due aveva interesse a farlo. Piú tardi trovò il modo di parlarmi e io gli rivelai i segreti che conoscevo.

Quella notte si avvolse nel suo mantello sdrucito e finse di dormire nel mio portico, insieme agli altri accattoni. Ma prima dell'alba uscí di nascosto, uccise le guardie colpendole nel buio e si calò dalle mura con la fune che gli avevo dato. Il richiamo della mia gente si stava facendo piú acuto, Telemaco, e chi è stato tanto tempo lontano dalla patria lo sa. Afrodite, che può togliere il senno a tutti i mortali, l'aveva rubato anche a me, quando mi ero lasciata sedurre da Paride. Ma quando incontrai tuo padre rimpiangevo la mia colpa, e ogni giorno il rimpianto si faceva piú aspro. Mi avevano data a Deífobo e io senza piacere giacevo con lui: ero solo un oggetto, una preda, io, Elena! Ma ora capivo a quale rovina avevo trascinato Achei e Troiani, volevo che tutto finisse presto, per rivedere la mia terra e mia figlia. Cosí Ulisse uscí salvo da Troia, quella notte.

Telemaco cercava d'immaginarlo travestito da straccione. Non aveva avuto paura di mostrarsi brutto e spregevole. E pensava ai pretendenti, eleganti e profumati, bravi nel danzare. Qualcuno di loro ne sarebbe stato capace?

– Quelli furono gli ultimi giorni della guerra, – riprese Menelao. – Da tempo Ulisse cercava di convincerci che Troia non l'avremmo mai presa con la forza, bisognava che fossero i Troiani ad aprirci le porte senza volerlo, bisognava pensare una trappola. Achille non avrebbe mai accettato una soluzione del genere, ma Achille era morto. Ulisse continuava a ripetere la vecchia storia del vento e del sole, che conoscono tutti i bambini: chi dei due, scommisero, sarebbe stato capace di togliere il mantello a un viandante? Prima il vento, soffiò e soffiò, ma piú soffiava piú il viandante si stringeva nel mantello. Quando toccò al sole, iniziò a sfolgorare sempre piú caldo sino al punto che il viandante si sfilò da solo il mantello. Cosí dobbiamo fare noi, andava dicendo Ulisse, dobbiamo fare in modo che i Troiani si tolgano il mantello da soli, perché sopra quelle mura non ci saliremo mai con la forza.

Cosí nacque l'inganno del cavallo. Fu Ulisse a parlarcene per primo, poi il nostro architetto Epeo, un uomo dalle mani meravigliose, lo costruí in legno di abete, alto, rifinito, dipinto. Non ho mai visto un idolo cosí grande e ben fatto. Una botola si apriva, invisibile all'esterno, e lí entrammo. Tredici in tutto, i piú coraggiosi. Gli dèi ci proteggevano, i Troiani credettero alle parole di Sinone, la spia che avevamo lasciato lí per confonderli con false notizie, e quella sera il cavallo era dentro le mura. Una grande offerta votiva ad Atena. Avrebbero potuto scoprirci facilmente. Ma era destino che Troia cadesse, perciò gli dèi accecarono le loro menti. Ora anche il cavallo è in cenere, come tutta Troia.

Ci fu silenzio nella grande sala, si sentiva solo il fruscio delle fiamme nei bracieri. Menelao riprese a parlare.

– Adesso, Telemaco, ti dirò quello che so di tuo padre. C'è un'isola in Egitto, a qualche giornata di navigazione dalla foce del Nilo. La chiamano Faro. Lí le nostre navi si ancorarono per attingere acqua, ma d'improvviso i venti divennero contrari. Soffiarono furiosi per venti giorni. A noi non restava piú niente da mangiare: ci eravamo ridotti a pescare con gli ami ricurvi. Fu allora che mi venne in aiuto una dea, Eidotea, che abitava quell'isola ed era figlia di Proteo, il Vecchio del Mare. Mi apparve alle prime luci dell'alba: era una figura diafana, che pareva fatta d'aria. Mutava colore, parlando, come un arcobaleno, e mi era impossibile vedere bene il suo viso.

Si fermò sopra la mia testa, come sempre fanno i sogni, e mi rivelò il modo per tendere una trappola al padre, costringendolo a dirmi quale sorte era toccata ai miei compagni e indicare la rotta verso casa. Poi svaní nella luce, ma allora sapevo quello che avrei dovuto fare.

Scelsi i quattro compagni piú forti e mi avviai. Vidi la riva piena di foche, grandi macchie scure sopra le arene candide; si gettavano in mare in cerca di pesci, risalivano, si rotolavano tra la sabbia e le alghe; tutta la riva nereggiava di questi animali, simili a buoi marini, l'aria era piena dei loro bramiti, e i maschi piú grandi lottavano tra loro, sfidandosi come se fossero guerrieri sul campo di battaglia, pieni di ferite.

Ne uccidemmo cinque e le scuoiammo, accucciandoci all'interno della pelle. Il tanfo era spaventoso, a stento si poteva respirare. Ma resistemmo. Il giorno sembrava crescere troppo lentamente, il tempo non passava mai, tanto eravamo intontiti dalle grida dei buoi marini e dal fetore delle pelli in cui ci eravamo avvolti.

Quando il sole ebbe toccato il mezzo del suo corso, Proteo emerse dal mare insieme a un grande branco di foche. Prima vedemmo l'acqua ribollire, come se si aprisse un gorgo, poi diventare bianca di spume; a quel punto si addensò una nebbia spessa dalla quale comparve. Come posso descriverlo? Sembrava fatto di una materia che non si è mai vista tra noi mortali, aveva un corpo liquido e trasparente, eppure era un corpo, e sul suo viso si allungava una lunga barba di alghe; era un dio antichissimo, che esisteva dall'epoca in cui il mare si era formato, all'inizio dei tempi.

Cominciò a contare le sue foche, come un pastore

conta le pecore. Quando fu vicino a noi e ci volgeva le spalle, balzammo fuori e lo afferrammo. Ci sentimmo scrollati da una forza immensa, come quella delle onde durante una tempesta, ma non mollammo la presa. Proteo divenne serpente, leone, mollusco, acqua, un'acqua che non si disperdeva come di solito avviene, ma restava compatta. Lottammo a lungo ed eravamo spossati. Ma anche Proteo si stancò, infine. Riassunse la sua forma: aveva capito che non avremmo ceduto.

Allora parlò, e le sue parole rimbombavano come l'eco di una grotta sottomarina. Disse di conoscermi. Mi rivelò la rotta per ritornare a Sparta e il destino di quelli che avevano combattuto al mio fianco. Mi disse della morte di mio fratello. E di quel che era successo a tuo padre Ulisse. L'aveva visto dal fondo del mare, sedeva sopra una roccia vicino alla riva e piangeva, in un'isola lontana. Voleva tornare in patria ma non poteva, perché era rimasto senza compagni né navi. Lo teneva prigioniero Calypso, la dea che abita ai confini della terra. Dopo aver parlato si tuffò nel mare, e con immenso strepito le sue foche lo seguirono, e il mare ribollí dei loro corpi neri sinché la distesa tornò calma e piatta.

Nella sala tutti piangevano, ora, Menelao ripensando a suo fratello Agamennone, massacrato dalla moglie Clitemnestra e dall'amante Egisto, Telemaco per il padre prigioniero in una terra lontana che forse non avrebbe piú abbracciato: non poteva raggiungerlo, e chi mai riesce a sfuggire alla prigionia di un dio? Anche Elena, ricordando gli anni passati, versava lacrime dagli occhi belli. Sentivano passare su loro l'inesorabile mano del tempo, il dolore di essere nati mortali, fragili: quanto effimere siano la vittoria e la gloria, davanti al mutamento di ogni cosa. Ciò che prima riempiva la vita, era diventato un confuso ricordo, come una figura che svanisce a poco a poco nella nebbia.

Ma Elena pensò un rimedio. In uno scrigno conservava i farmaci che le aveva dato Polidamna, la regina d'Egitto: era stato il suo dono ospitale. In Egitto crescono tutte le erbe, e cosí molti sono esperti di pozioni e magia. Elena prese di lí il farmaco piú prezioso: si chiama *nepenthé*, il «togli dolore». Ne versò pochi granelli nel vino: è un rimedio miracoloso, che toglie ogni pena. Anche se uno vedesse i figli sgozzati davanti ai suoi occhi, o il padre, o la madre, neppure cosí proverebbe pena e dolore per un giorno intero, ma continuerebbe a banchettare felice.

Menelao e Telemaco cessarono subito di piangere, e altri calici furono portati. Infine Menelao si alzò e prese Elena per mano, come ogni sera; era strana la dolcezza con cui la toccava, eppure aveva tanto sofferto per lei.

– Ti darò, – disse a Telemaco, prima di andare – un *dòron*, un dono ospitale, da portare con te a Itaca, che ti ricordi di Menelao. Una coppa d'argento massiccio, la leverai insieme ai tuoi ospiti, e se Ulisse tornerà dirai che è stato Menelao a donartela. Però non condividere il vino con quei vigliacchi che ti hanno invaso la casa, non sarebbe onorevole.

Menelao avrebbe voluto ospitarli ancora per molti giorni, ma quella notte una voce parlò alle orecchie di Telemaco: – Domani alzati e parti presto, Telemaco; i tuoi compagni sono in ansia per te e ti aspettano a Pilo, sopra la nave. Torna a Itaca: è arrivato il momento che tu sia presente, perché qualcosa sta per succedere.

Quando si svegliò l'alba insinuava nella sala i suoi primi raggi. Una civetta era posata sopra un architrave e lo fissava con i suoi occhi glauchi.

Aoidé

Cantare la morte: Circe e le Sirene

«Quest'uomo che dorme nel mio letto, nudo, indifeso, con una vecchia cicatrice sulla coscia sinistra, io potrei in un istante trasformarlo in animale, o meglio ancora potrei gettare una gabbia invisibile intorno alla sua mente, e costringerlo a non uscire mai piú da questa casa; la sua erba magica, inutile, è in terra, non gli servirà. Del resto, non gli sarebbe comunque servita.

Ma non lo farò; c'è qualcosa di strano che mi trattiene. Ho sempre incontrato uomini che fuggivano o si nascondevano o avevano paura, oppure sciocchi che si sono lasciati ingannare subito e facilmente. Invece, quando Ulisse si è avventato su di me con la spada in mano ho capito che era lui, l'unico essere umano che poteva interessarmi. Non avrebbe potuto uccidermi.

Non è stata la punta della spada, che lampeggiava davanti al mio viso, quasi sfiorandomi, a stregare me, che sono una maga; è stata la strana luce che illuminava i suoi occhi. Allora ho fatto ciò che dovevo: sono caduta ai suoi piedi e gli ho gridato di non uccidermi. In un attimo, ho sentito il mio corpo incendiarsi. Questa è una terra solitaria, piena di esseri selvaggi che arrivano nei boschi qui intorno per cacciare; qualcuno mi piace e sedurlo è un attimo per tratto dimentica le armi e le prede, si nasconde tra i cespugli per spiarmi, non ha piú fame né sete, aspetta che mi avvicini e mi distenda tra l'erba, e lo guardi, sapendo che anche lui mi guarda. Lo faccio mio, poi lo trasformo in animale, prima che possa dire ai suoi compagni di avere fatto l'amore con Circe. Basta un tocco della mia verga. Mi piace vedere come in pochi attimi un uomo cambia forma e colore, la bocca si fa un grugno o un becco, il corpo si deforma, è divertente vedere i suoi occhi increduli e terrorizzati che osservano i suoi arti mentre diventano zampe o ali, è divertente sentire la voce mutarsi in uno stridio o un grugnito. A volte invento forme strane, animali mai visti, come quando tessendo ricamo figure e mostri sulla mia tela.

A volte alcuni si spingono stupiti sino allo spiazzo pieno d'erba e di fiori che circonda la mia casa. Qualcuno ha tentato persino (sciocco!) di penetrare a forza per saccheggiarla, attirato dalla presenza di donne in apparenza indifese. Ora è un verme o qualche altro insetto schifoso, non mi sono neppure degnata di farlo entrare nel recinto con gli altri maiali.

No, non soffro la solitudine. Ma un uomo cosí non l'avevo ancora incontrato.

Mi sono sfilata la veste, e Ulisse per la prima volta ha sentito com'è il profumo di una dea e i suoi occhi si sono fatti ancora piú scuri; un istante dopo ci rotolavamo sul letto, e per la prima volta l'odore di un uomo mi è piaciuto, come quando il vento porta con sé il profumo della collina. Gli sventurati che decido di fare miei non capiscono l'incantesimo da cui sono rapiti: mi stringono, alcuni piangono come bambini piccoli sul seno della madre, nel caldo del mio ventre dimenticano se stessi, la casa, tutto. Per quello mi annoiano subito e appena abbiamo finito li trasformo negli animali che sono. Negli occhi di Ulisse, invece, ho letto la volontà di rimanere se stesso, e ancora piú in fondo, dentro l'ombra dello sguardo, la sua isola, e quelli che lo stanno aspettando. Per un momento ho dubitato del mio potere. Ho sentito che il mio desiderio era tutto nelle sue mani, ho disprezzato la mia debolezza: volevo tenerlo lí, e ho temuto che potesse sparire, silenzioso e scuro com'era arrivato. Fare l'amore con me rinvigorisce, io trasmetto la mia energia ai miseri esseri umani che mi toccano, il mio corpo moltiplica la vita, o la toglie. Era sera. Per tutta la notte ci siamo amati, e intanto la luna compiva il suo giro».

Nel cielo si vedevano fili di fumo, e quando la flotta di Ulisse si avvicinò all'isola apparvero torri di pietra che dovevano essere case, ma molto diverse da quelle cui era abituato. Navigavano da sei giorni e sei notti, a forza di remi, perché il vento era caduto. Approdarono in una baia deserta, cinta da entrambe le parti da una roccia scoscesa, e due lunghi promontori la chiudevano; era una baia stretta e lunga, irta di scogli; l'acqua era cupa e faceva un'impressione sinistra. Per quello, per un presentimento o forse perché Atena gli aveva gettato questo pensiero nel cuore, Ulisse fermò la sua nave all'imboccatura della baia, vicino al mare aperto, legandola a una roccia con una gomena. Non si fidava; invece gli altri spinsero le navi all'interno, dove non arrivavano onde e pensavano di essere piú riparati dalla risacca. Non c'era nessuno. Non si vedeva terra coltivabile, solo macchie di verde qua e là, e animali al pascolo. A quel punto Ulisse scelse tre uomini e li mandò in perlustrazione. Gli esploratori incontrarono una ragazza che attingeva acqua e questa li condusse in città. Lí, da un palazzo di pietra, uscí una donna grande come una montagna che urlò spaventosamente chiamando il suo sposo, Antifate, re dei Lestrigoni, un gigante anche lui. Senza dire nulla, senza nemmeno ascoltare le parole di saluto dell'araldo, lo afferrò, gli staccò la testa e incominciò a divorare il suo cervello. Gli altri fuggirono e tornarono alle navi, urlando terrorizzati; ma nel frattempo arrivarono da ogni parte i Lestrigoni, a migliaia, numerosi come cavallette. Erano enormi, non avevano armi ma svellevano dalla terra massi immensi e li scagliavano come grandine sulle navi, spezzando le fiancate e schiacciando gli uomini. Non c'era difesa. Quelli che cadevano in acqua li tiravano a riva con uncini, li infilzavano come tonni e li dilaniavano ancora agonizzanti, come fanno gli animali quando catturano una preda. Ulisse corse alla sua nave e tagliò la gómena. Facendo forza sui remi in un attimo raggiunse il mare aperto, dove i massi dei Lestrigoni non riuscivano ad arrivare. Sentiva le urla dei compagni, ma non poteva fare niente per salvarli. A notte fonda, seguendo la scia della luna, si avvicinarono alla baia e chiamarono forte, per capire se qualcuno si era salvato nascondendosi. Non rispose nessuno.

Dopo vagarono ancora, per mesi, come animali braccati, e infine avvistarono una costa verde di boschi. La nave gettò l'ancora in una baia sabbiosa, dalle acque basse; si poteva arrivare a terra a guado, ma Ulisse non volle far trascinare la nave sulla spiaggia. Stava in guardia e si teneva pronto alla fuga. Riposarono lí per due giorni, e avevano ancora negli occhi la strage e le grida degli amici. Il cibo cominciava a mancare.

Il terzo giorno Ulisse si arrampicò su una collina, fitta di alberi e di rovi; sotto i suoi occhi si apriva una terra pianeggiante, e piú lontano ancora un braccio di mare. Un'isola. Sembrava disabitata, ma in lontananza vide biancheggiare una casa da cui usciva fumo. Una casa soltanto, in uno spiazzo della foresta, e si distinguevano colonne e un alto portale. No, non era certo la casa di un mostro, quella. Forse di un dio o una dea. Soltanto un essere divino può abitare da solo in mezzo ai boschi, senza sentire desiderio di altri uomini.

Mentre discendeva verso la riva d'improvviso un cervo uscí da una macchia per dirigersi verso un ruscello. Ulisse tese l'arco e colpí l'animale proprio sopra l'occhio. Certo era il dono di un dio, farlo sbucare cosí davanti a lui: i suoi compagni avrebbero finito di soffrire la fame.

Potevano a quel punto nuovamente mangiare e i compagni prepararono il pasto, e stapparono orci di vino. Un dolce sopore poi li avvolse, e ritrovarono la pace; la brezza che spirava dal bosco, piena di odori, mescolata al profumo del salino, faceva ricordare loro i profumi e i fruscii della loro isola e della loro montagna, il Nerito, dove le fronde sussurravano sempre. Su quelle pendici erano andati a caccia tutti insieme, molte volte. Ulisse allevava una muta di cani, e uno tra tutti era bellissimo e velocissimo, frugava tra le macchie, scovava ogni preda, poi guardava il padrone con occhi luccicanti di adorazione.

Quel cane, lo conoscevano tutti a Itaca. Forse ora, su questa spiaggia, si potevano dimenticare le sofferenze; forse ora il vento li avrebbe riportati a casa. Ulisse li guidava, e questo dava forza a ogni cuore. Eppure il loro condottiero continuava a pensare. Chi mai poteva vivere solo nel folto di una foresta? Perché ripartire senza sapere? Passata la notte Ulisse attese che i compagni fossero tutti desti, poi li radunò in semicerchio, davanti alla nave che dondolava sopra la quieta distesa verde della baia, e incominciò a parlare scegliendo bene le parole perché sapeva che nei cuori dei suoi marinai abitava ancora la paura.

– Compagni di dolore, compagni di sventure, – disse, – siamo giunti qui tra mille pericoli, e i nostri amici sono morti. Non sappiamo dove siamo, non sappiamo piú nulla, siamo come una di quelle barchette di legno che i bambini intagliano e poi abbandonano alle correnti del ruscello. Dove potremo andare? Possiamo fermarci qui e vivere tra i boschi per sempre. Ma voglio riportarvi a Itaca, qualcuno vi aspetta ancora là, voglio rivedere la mia casa, e il mercato e sentire ancora la voce del mio popolo. Siamo su un'isola, in lontananza si scorge una costa. È pianeggiante, piena di boschi, deserta; qui non incontreremo un popolo selvaggio. Ma tra gli alberi ho visto alzarsi un filo di fumo, e in lontananza una casa bella, ben fatta. Non sono mostri quelli che la abitano. Forse lí vive un essere divino, che tiene a distanza i mortali. È la nostra unica speranza, andare a conoscerlo e chiedere dove siamo. Forse quell'essere, divino o umano, potrà indicarci la via.

Il cuore dei marinai divenne di ghiaccio. Tremavano, piangevano. Ma sapevano che aveva ragione.

Ulisse si rivolse al suo amico piú caro, l'uomo di cui piú si fidava e guardandolo fisso parlò ancora:

– Tu, Euriloco, che sei il migliore, il mio compagno sin da quando eravamo bambini, comanderai metà degli uomini, gli altri li guiderò io. Gettiamo le nostre sorti in un elmo, quello che verrà estratto andrà a esplorare con i suoi; se non torneranno, gli altri andranno a cercarli.

Uscí la sorte di Euriloco. Di malavoglia, scuotendo la testa, bianco di paura, si avviò con la metà degli uomini della nave, ventidue: cosí pochi erano rimasti. Piangevano tutti, abbracciavano gli amici come se li salutassero per l'ultima volta. Euriloco si voltò mentre entrava nel bosco e vide Ulisse che lo fissava, appoggiato alla sua lancia. Un cenno di saluto, forse l'ultimo tra loro.

Ma cosí non fu e Euriloco poche ore dopo tornò balbettando, non riusciva a parlare, singhiozzava. Poi gli vennero le parole, e tra l'una e l'altra continuava a versare lacrime.

– C'è un sentiero che porta alla vallata. Attorno, nel folto del bosco, tanti occhi ci scrutavano. Sbucò un leone, poi un lupo; eravamo agghiacciati dalla paura, stringevamo le lance pronti a colpire. Ma non ci fecero nulla; scodinzolavano, sembravano docili. Andarono avanti trotterellando, come se volessero farci da guida. Altri animali si aggiunsero, sinché giungemmo allo spiazzo dove sorgeva la casa, e davanti a noi camminavano le belve come se fossero una mandria.

È una grande casa di pietre lisce, con colonne dipinte di rosso. Da dentro si sentiva la voce dolcissima di una donna che cantava, e il battito del suo telaio. Sí, ho pensato, forse siamo arrivati alla dimora di una dea, di quelle che vivono lontane dagli altri dèi. Forse era la Signora degli Animali, la padrona della vita selvaggia. Per lei si celebrano riti sui monti, a Creta, in Asia, in molte altre parti del mondo: uomini e donne lasciano la città, salgono sulla montagna, danzano al suono di sistri e tamburelli sinché non perdono la ragione, e durante la follia vedono e sentono cose divine. Non sospettavo che il suo canto fosse una *aoidé*, un canto magico, di quelli che ti ammaliano e che solo le maghe conoscono. Però non mi fidavo e mi tenni in disparte. La donna si mostrò sulla soglia con le sue ancelle. Aveva una veste rossa, con collane e bracciali d'oro; lunghi capelli bruni, e riccioli bellissimi, fermati sulla nuca da spilloni d'oro. Sorrideva. Fece cenno ai miei compagni di entrare ed essi, lieti dell'accoglienza, avanzarono senza sospetto.

Quello che accadde nella casa non lo vidi con esattezza. Ah, non posso nemmeno pensarci. Cominciai a sentire strilli e grida, poi grugniti. Infine dalla porta corse fuori un maiale pieno di setole ed era come se volesse urlare il suo orrore e la sua paura, poi altri; alcuni dei compagni uscirono pure loro, ma sembravano inebetiti e non avevano la forza di fuggire. Dietro, la maga, calma e sorridente, li toccava uno dopo l'altro con una verga di legno, e subito il loro viso si allungava, il corpo si copriva di peli, gli arti diventavano zampe. In un attimo erano maiali. Le ancelle li liberarono dalle loro tuniche impigliate sulle groppe e tra le zampe, poi colpendoli con dei bastoni li condussero verso un recinto, dove c'erano già altri maiali. Li chiusero lí, gettarono delle ghiande da mangiare, e quelli cominciarono a roderle. Ma la mente, sono sicuro, è rimasta umana; uno ha guardato dove ero nascosto, dietro un cespuglio, e pareva che dai suoi occhi uscissero lacrime.

Cosí sono corso via, a perdifiato, e vi ho raggiunto qui sulla spiaggia. I capelli mi si sono riempiti di ciocche bianche. Amici, voi non sapete cosa vuol dire vedere un uomo trasformato in bestia. Potevo essere anch'io con loro. Non c'è che da fare una sola cosa: fuggire.

Euriloco gridava fuori di sé, trasmettendo la sua paura agli altri. Ma Ulisse conosceva l'arte di governare un cuore impazzito; parlò con voce calma chiamando tutti i marinai, uno per uno. Disse che sarebbe andato a vedere lui da solo e che se la sera non fosse stato di ritorno, si sarebbero potuti imbarcare sulla nave e partire, guidati da Euriloco che era anche suo cognato. Sapeva, però, che non l'avrebbero mai fatto.

Non aveva intenzione di abbandonare i suoi compagni nel porcile, ma non immaginava nemmeno come avrebbe potuto affrontare quella donna, maga o dea che fosse. Però era sempre riuscito a trovare un'astuzia, persino nell'antro del Ciclope, e pensava che anche quella volta la sua dea, Atena, gliel'avrebbe fatta balenare in mente. Si avviò per il sentiero nel bosco. Sentiva attorno agitarsi le foglie e ogni tanto intravedeva un pelame fulvo. Ormai il tetto della casa era vicino, spuntava tra gli alberi.

Ed ecco che all'ultima svolta vide un ragazzo, biondo, seduto su un ceppo rovistava per terra con un bastone.

– Non uscirai da quella casa cosí come sei entrato, straniero, – gli disse, – Circe, la maga, sa che qualcuno sta per arrivare e ha già pronti i suoi intrugli. Un bel maialino peloso stai per diventare, straniero.

Rideva e gli occhi gli brillavano di una strana opalescenza.

– Chi sei, ragazzo, e che cosa sai di questi luoghi?

– Quando uno viaggia per tutto il mondo conosce tante cose, grandi e piccole... anche tu sei un viaggiatore, Ulisse.

– E come sai il mio nome?

– Non ha importanza. Quello che sto per dirti è importante, invece. Circe è una maga e quella è la sua casa. Leoni, lupi ammaestrati, li ha ammaliati lei, la seguono come cuccioli. Con te si comporterà come con tutti gli altri: ti farà sedere nella sua sala, ti offrirà una bevanda, il ciceone misto di vino, farina e orzo, e poi ti toccherà con la sua verga. Subito diventerai un grasso porcello peloso, malgrado tu sia illustre nel mondo. Cosí conciato non ti serviranno molto le chiacchiere per cui vai famoso. O forse, quando saprà chi sei, ti vorrà onorare in qualche modo, ti trasformerà in toro o in cavallo o anche in un pappagallo dalle ali colorate, un animale parlante.

Rise, e qualcosa di luminoso si aprí nel suo volto. Ulisse taceva, immaginava che quell'essere strano gli volesse dire altro. O forse era una trappola di Circe. Bisogna aspettare, certe volte non dire o fare niente è la cosa migliore, questo l'aveva capito da molto tempo.

– Ascoltami Ulisse, – continuò il giovane, – vedi questa?

E col bastone gli indicò una strana pianta, bassa sul suolo, di un verde luminoso, attorno alla quale aveva disegnato un cerchio.

– È un'erba piena di virtú. Gli uomini la chiamano mandragora, nella lingua degli dèi il suo nome è *moly*. È difficile svellerla da terra, si può fare solo nelle notti di luna piena e pronunciando certe parole che solo gli incantatori conoscono. Ma io ecco, vedi?, io lo posso fare ora sotto i tuoi occhi.

Allungò una mano strappando l'erba senza sforzo dal suolo. Aveva profonde radici bianche, che si contraevano come i tentacoli di un polipo.

– Dicono che quest'erba sia nata dal sangue di Prometeo, quando fu legato sul Caucaso e l'aquila gli rodeva il fegato. Brandelli della sua carne e del suo sangue caddero a terra e di lí germogliò la prima mandragora. Comunque sia, ha un potere che renderà vani gli incantesimi di Circe. Tu strofinati il corpo con le radici, e poi nascondila nella tunica, vicino alla spada (vedo bene che l'hai con te, anche se cerchi di nasconderla). Quando Circe ti toccherà con la verga, minacciala con la spada, e poi fai in modo di entrare nel suo letto, lei ti si offrirà subito, ha sempre il sangue caldo di desiderio. Prima falle giurare che non ti farà mai nulla di male. Sa che se viola il giuramento perderà tutti i suoi poteri magici.

Ulisse prese in mano l'erba. Era calda, guizzante, come una creatura vivente.

– Lo farò. Ma perché mi aiuti?

Il giovane sorrise.

– Io sono come te, Ulisse, amo tutti gli inganni, è nella mia natura.

Con queste parole si voltò e in un attimo sparí nel fitto dei cespugli, come non fosse mai esistito. Forse Ulisse aveva incontrato Hermes il signore di tutti gli inganni. O forse era stato un trucco di Circe, per farsi beffe di lui. Comunque, doveva continuare. Strofinò le radici dell'erba sul viso e sulle braccia, riponendola poi nel mantello.

Giunto nello spiazzo di Circe il cuore gli palpitava nel petto, sembrava volersi staccare da lui. Ma in viso era calmo, aveva imparato da tempo come si affrontano i pericoli. Il cuore poteva battere come voleva, la mente doveva rimanere salda.

Circe uscí nel portico, sorridendogli. Oh sí, era bella, molto piú bella di Penelope, e negli occhi le brillava un lampo che Ulisse non aveva mai visto in nessuno sguardo di donna.

– Entra, straniero –. Anche la voce era come una musica, impossibile non esserne affascinati. Lo fece sedere su un trono con le borchie d'argento. Poi un'ancella gli porse una coppa piena della bevanda che si offre agli ospiti, orzo, farina, vino, il ciceone, la «bevanda mescolata». Ulisse esitò un istante prima di portarla alla bocca. Poteva darsi che l'erba non funzionasse, e che Circe si stesse prendendo gioco di lui. Forse in un attimo avrebbe visto le sue membra trasformarsi e diventare quelle di un animale. Ma non aveva altra scelta. Circe gli si avvicinò con un sorriso ironico, gli occhi ancora scintillanti ma allegri e beffardi. Lo toccò con la verga. – Ora va' nel recinto a distenderti con gli altri maiali –. Ulisse sentí un'energia possente passargli nel corpo, come un fuoco. Ma non successe nulla. Circe lo guardò sbigottita. Ulisse sfoderò la spada e gliela puntò alla gola, e a quel punto erano i suoi occhi a fiammeggiare.

– Non riuscirai con me, Circe. Libera i miei compagni o ti pianterò questa spada nella gola.

Circe lasciò cadere la verga, si gettò ai suoi piedi gridando.

– Non uccidermi! Tu certo sei quell'Ulisse di cui parlavano le profezie, l'uomo venuto dal mare che mi avrebbe domata! Non uccidermi, no: sali sul mio letto. Ti giuro che non ti farò mai alcun male.

Si sciolse i capelli, una cascata nera le coprí le spalle, fece scivolare la veste rossa, e davanti a Ulisse comparve il corpo luminoso, inebriante, pieno di passione, di una dea.

– I tuoi occhi non parlano di morte, e se anche mi ferissi non vedresti una sola goccia di sangue macchiare la mia veste –. La sua voce era diventata calma e calda, quasi un sussurro. Ulisse gettò la spada, si tolse la tunica con un gesto solo, Circe lo prese per mano e insieme salirono sul suo letto. L'erba *moly* rotolò in un angolo della stanza.

«Nei giorni seguenti Ulisse mi ha raccontato alcune delle sue avventure. Un simile uomo è stato affilato dalla vita come una spada. Di lui si dice che sappia incantare con le parole, ma con me è stato misurato. So che è capace di ingannare chiunque. Però con me non l'ha fatto, ha capito che io conoscevo i suoi trucchi.

Lo aiuterò. Non resterà qui per sempre, e poi non lo voglio neppure io. Ai suoi compagni ho ridato la loro forma, tanto sono esseri insignificanti; ora sono tornati alla nave, e lí resteranno. Il loro brulicare lo voglio tenere lontano da questa casa. Cibo e acqua se ne trovano in abbondanza su quest'isola; ogni tanto verranno qui a banchettare con me e Ulisse, ogni tanto andrà a trovarli perché gli uomini non sanno stare senza la compagnia di altri uomini.

Ulisse sa come si raccontano le storie, parla e le parole escono dolci dalla sua bocca, in quella lingua strana che possiede tante parole per dire le cose; poi d'improvviso tace e ne pensa altre, migliori, mi guarda con i suoi occhi neri, pieni di astuzia e riprende a parlare. Mi ha raccontato cose vere e cose false per molte notti, dopo avere fatto l'amore, e su di noi la luna si è chinata per molte notti ad ascoltare i nostri bisbigli, mentre eravamo sdraiati sull'erba morbida, e i fiori del mio giardino ci facevano da letto. Le notti sono dolci, qui, non soffia mai il vento.

Mi ha narrato della prima volta in cui ha capito cosa può significare essere soli contro un destino nemico. All'inizio del suo viaggio, due anni fa. I venti lo avevano portato lontano, ancora una volta. Conosceva tutte le rotte, le rocce e le stelle che indicano la strada ai naviganti, eppure qualcosa lo trascinava sempre lontano dalla sua isola.

Subito dopo la presa di Troia Ulisse e i suoi compagni si sentivano invincibili. Come pirati sbarcavano, predavano villaggi, facevano bottino. Non era lui a volerlo; però non riusciva a trattenere i suoi uomini. Sbarcarono a Ismàro, nel paese dei Ciconi; gli abitanti non aspettavano un attacco, era gente pacifica, contadini e mercanti. Si gettarono a far preda, rapendo le loro donne e ammassando un gran tesoro. Ulisse voleva partire subito, la sera stessa, ma i suoi compagni non gli obbedirono. Pensavano di avere sbaragliato ogni difesa e quella notte si misero a bere e a godersi le donne dei vinti. Lui aveva sempre provato disgusto per queste cose, troppo vino offusca la mente e riempie il cuore di rabbia; prendere a forza una donna non l'aveva mai fatto, nemmeno una prigioniera. Non è bello rubare gli abbracci, è meglio vedere il desiderio che cresce negli occhi. Ma i suoi uomini erano come impazziti.

Il mattino seguente ebbero un ben amaro risveglio:

dalle colline scese una folla di uomini seminudi, con i capelli lunghi legati a ciuffi sul capo e la pelle piena di tatuaggi, a piedi, a cavallo, sui carri, armati con lance di legno, asce, spade di ossidiana. Erano numerosi come i fiori di primavera. Ulisse schierò i suoi in ordine davanti alle navi, come tante volte aveva fatto a Troia, ma fu inutile; alla fine furono travolti. Uccidevano, e tagliavano le teste dei morti e succhiavano il loro sangue e il cervello; una cosa orribile.

Ulisse difese la ritirata con i migliori tra i suoi, i compagni di giovinezza; e fu l'ultimo a salire sulla nave. Perse molti uomini, sei per ogni nave, molti erano feriti e qualcuno morí in mare. Una volta preso il largo, chiamarono tutti insieme tre volte i nomi dei compagni caduti: cosí gli Achei sono soliti fare quando uno muore, chiamare per l'ultima volta il nome, poi saranno chiamati dalla voce dei morti.

Non erano piú invincibili. Ulisse percepiva attorno a sé una cappa di silenzio maligno, come se gli dèi li avessero abbandonati; non era stato cosí a Troia, lí erano vicini, li riempivano di coraggio e forza.

Continuava a invocare Atena e le sacrificava capre, appena poteva, su qualche spiaggia. Ma gli rispondeva solo il gran silenzio del mare; la sua dea era scomparsa, non si mostrò mai nemmeno in sogno, come spesso avveniva prima. È orribile sapere di essere abbandonati, che nessuno ti aiuterà a difenderti dal mondo delle forze invisibili che ci circondano.

Ogni tanto Ulisse taceva, e le sue parole si spezzavano quando pensava ai compagni e alla sua isola che sempre gli sfuggiva. Io sapevo che gli dèi erano irati con gli Achei, e che molto altro avrebbero dovuto soffrire, ma non dissi nulla, neppure che per i suoi uomini sarebbe stato meglio vivere nel mio porcile. Del resto, la loro esistenza è priva di significato, nessuno mai ne ricorderà i nomi. Sono vissuti per un soffio di tempo e presto torneranno nel buio. Crudele razza, quella che abita sull'Olimpo! Per loro gli uomini sono come balocchi che un bambino usa e poi getta in un angolo.

Vicino al capo Malea Ulisse incontrò la sua prima tempesta. Tempeste ne aveva viste molte, ma come quella mai. Il sole scomparve. Tutto era nero, non c'era confine tra cielo e mare e le nuvole basse arrivavano sino alla cima degli alberi delle navi. Le ondate di traverso battevano contro le fiancate; furono costretti a gettare in mare una parte del bottino di Troia per alleggerirle; le onde spazzavano le murate, le vele si ruppero, tre, quattro volte, tutti urlavano di terrore. Con gran fatica, a remi, raggiunsero un isolotto sconosciuto e deserto, ma con un buon approdo. Lí aspettarono tre giorni che la tempesta finisse. Quando il mare si placò fecero nuovamente rotta verso capo Malea, da dove è veloce raggiungere Itaca. Ma di nuovo i venti e le correnti li spinsero via. Era come se una mano invisibile li portasse ogni volta lontano dalla loro patria. Altri venti, altre tempeste. Alla fine Ulisse decise, per non naufragare, di andare là dove il mare li conduceva.

E cosí vagarono fuori dalla rotta. Dalle stelle capiva che la corrente li stava portando verso sud. Infine, il mare si calmò e scorsero una striscia di terra sabbiosa, coperta di palme. Erano salvi. Sbarcarono per andare in cerca d'acqua. In lontananza si distinguevano i tetti bassi di capanne ma la vicenda dei Ciconi aveva tolto loro la voglia di fare preda. Sarebbero potuti partire, eppure Ulisse voleva sapere quale gente fosse mai quella. Mandò avanti l'araldo e tre compagni, perché riferissero. Passò buona parte del giorno, e nessuno tornava. Verso il tramonto, decise di andare a cercarli. Vestirono le corazze e gli scudi e si fecero strada tra le foglie di un sentiero arrivando dopo poco in un villaggio di capanne disposte a cerchio attorno a uno spiazzo; nessuno faceva da sentinella. Era gente pacifica, indifferente alla presenza altrui. A un uomo scuro di pelle, vestito con una corta tunica di lino, Ulisse chiese come si chiamassero: si definivano Lotofagi, mangiatori di loto. E poi trovò i suoi compagni; i Lotofagi non avevano fatto loro alcun male, anzi avevano offerto cibo da condividere. Una farina bianca, dolce, che però toglie ogni ricordo, e la conoscenza del bene e del male; i suoi compagni inebetiti ridevano e cantavano, non lo riconobbero neppure. Cosí aveva compreso che cosa poteva significare la morte o la pazzia: perdere la memoria, esistere e non saperlo, non avere piú volontà, né un passato né un futuro, né un desiderio. Esserci, ma non esserci piú.

Comprese che i Lotofagi erano piú pericolosi dei Ciconi, con le loro zagaglie e i loro tatuaggi, perché contro l'oblio di sé non c'è difesa. Guardò l'araldo che li guidava, un uomo che era sempre stato assennato; gli parlò, non rispose. Portava alla bocca il cibo e lo fissava senza riconoscerlo. Glielo offrí, non diceva niente; gli chiese il suo nome, non rispose ancora, continuava a guardarlo come se non lo vedesse. Allora ordinò ai suoi uomini di portarli via a forza, mentre quelli si dibattevano e lanciavano strida acute, come pipistrelli. Li fece legare sotto i banchi della nave e ripartirono; continuavano a strillare e si voltavano indietro verso la terra dei Lotofagi. Ci vollero giorni perché tornassero come prima, ma come prima davvero non tornarono piú; ogni tanto, i loro occhi si offuscavano e sembrava che ricadessero in una specie di letargo. Quando riprendevano coscienza, non ricordavano piú nulla. Questa deve essere la morte, cadere in un'ombra simile a quella che aveva visto nei loro occhi vuoti. Ma i defunti li vedrà anche da piú vicino quando lo lascerò andare. Lo so sin da ora, li incontrerà prima del tempo. E sentirà anche il canto che conduce alle profondità della terra».

Ulisse scese sino alla spiaggia e guardò i compagni, alcuni sulla nave, altri seduti sulla sabbia candida. Circe l'aveva accompagnato. Indossava un grande manto d'argento, leggero, ampio; ai fianchi, una fascia di porpora, e sulla testa un velo sottilissimo, trapunto con ricami d'oro, il manto delle separazioni. Nessuno dei due disse nulla, ma sapevano entrambi che quello era il loro saluto. Ulisse salí sulla nave. Prima che l'ancora coperta di alghe uscisse dal mare Circe era svanita. Camminava già nel bosco verso la sua casa, e attorno a lei comparvero i leoni e i lupi, trottandole dietro con i musi bassi. Circe lo sentiva muoversi ancora, come un pesciolino che nuota. Qualcosa era vivo nel suo ventre, la magia piú grande. Il figlio di Ulisse, e lui non l'avrebbe mai saputo.

La nave dondolava lentamente sull'acqua azzurra della baia. I marinai erano pronti. Ulisse ormai ne aveva la certezza, glielo aveva svelato Circe, in segreto, e aveva ben chiaro quale sorte sarebbe toccata a lui e ai suoi compagni. Li avrebbe voluti riportare a casa tutti ma sapeva che non sarebbe stato possibile: sfortunati e stolti.

Scilla, Cariddi, le vacche del Sole, e la cosa piú terribile, l'incontro con i morti. Sapeva anche che avrebbe avuto il privilegio di sentire il canto delle Sirene.

«Capirai che sei vicino alle Sirene quando vedrai spianarsi il mare e cadere ogni soffio di vento. È la loro magia. D'improvviso la nave si fermerà immobile. Ci sarà un grande silenzio, non udrete neppure uno stridio di gabbiano. Un silenzio assoluto, terribile. In lontananza vedrai due scogli e distinguerai forme che si muovono. Sulla distesa del mare comincerà ad allargarsi una voce, come qualcosa che galleggia sopra l'acqua, una voce come non hai mai sentito in vita tua, Ulisse. Una voce che sembra fatta anch'essa di acqua e arriva a ondate. Prima suoni lontani, poi sempre piú forti, e incominceranno a sentirsi parole e un canto. Questo canto ti arriverà sino all'anima, e diventerà luce, colore, ti parrà di vedere cose che non esistono ancora o che non esistono piú. Conoscerai quello che non hai mai saputo di te stesso. Eppure sono mostri. Nessuno sa cantare cosí: e quello non è solo un canto, ma un'*aoidé*, un canto che strega, un canto magico come quelli che conosco io. Tu allora, prima che quel suono diventi voce, fai quello che ti ho detto di fare».

L'isola di Circe iniziava a confondersi con l'orizzonte, una forma d'aria nell'aria. Navigavano da tutta la mattina quando il sole raggiunse il culmine e d'improvviso il vento si spense. I raggi battevano rabbiosi sulla testa dei marinai, sembrava che il tempo si fosse fermato. Niente si muoveva e in lontananza si distinguevano due macchie scure, scogli o isole. Un torpore greve, quasi marcio, si stendeva sul mare e la nave, che pareva ferma in mezzo al nulla. Era arrivato il momento. Ulisse prese il grande disco di cera che Circe gli aveva consegnato, lo plasmò con i polpastrelli, scaldandolo ai raggi solari, e poi uno per uno tappò le orecchie ai marinai immobili sugli scalmi.

Euriloco restò per ultimo.

– Ora tu mi legherai stretto all'albero e poi ti turerai bene le orecchie con la cera. Stiamo passando vicino agli scogli delle Sirene, non c'è volontà che possa trattenerti, quando senti il loro canto. Ti tuffi e lo segui, sinché arrivi da loro. Dicono che sui loro scogli ci sia un prato pieno di ossa e corpi putrefatti: dietro la bellezza si può trovare la morte. Nessuno sa resistere.

– Ma, – rispose Euriloco, – perché non ti difendi anche tu?

– Io? Io voglio sentirle, amico mio. Legami stretto, e se faccio cenno di essere sciolto, stringi ancora di piú. Remate con tutte le forze, finché tornerà a spirare la brezza. Solo allora potrai liberarmi.

La nave avanzava lentamente nella bonaccia, la vela si era sgonfiata e la corrente la stava trasportando vicino agli scogli, i rematori sudavano ma pareva che la nave non seguisse la direzione del timone e scarrocciasse per conto suo. Le punte di roccia si facevano piú vicine, aprendosi grigie tra le nubi di calore.

Chi siano le Sirene nessuno lo può dire con certezza. Per le isole e nei porti circolano molti racconti confusi su di loro, perché nessuno mai le ha viste davvero, nessuno almeno che lo possa raccontare. Sono come uccelli, affermano i piú; però hanno un bellissimo volto di donna. Del resto, si sa: tutti i mostri sono donne, le Arpie, le Gorgoni, le Erinni. Non c'è donna che non abbia in sé qualcosa di terribile e di invincibile, pensano gli uomini che non le capiscono mai davvero. Perciò immaginano che gli esseri mostruosi abbiano qualcosa di femminile, ma stravolto e deviato. Oh sí, delle Sirene ci si può anche innamorare: del resto ci si può innamorare anche della propria morte. Ma non ci si può innamorare del loro corpo, certamente. Ci si innamora della loro voce.

Quando un naufrago sta per annegare, questo ancora si dice, sente la loro voce che lo chiama e allora si lascia scivolare senza paura giú nel profondo, si lascia abbracciare dalle acque dell'abisso; alcuni, raccontano, si sono tuffati dalle loro navi per seguire la voce che si alzava dalle acque. Ora Circe ha spiegato a Ulisse l'inganno per poterle ascoltare e uscire vivo dal loro incontro.

Quante sono le Sirene? Nessuno è mai vissuto per contarle tutte. Due, tre, nove. Alcuni dei loro nomi si ricordano: Lighèa, la Canora; Pisinoo, la Persuaditrice; Aglaope, Voce splendente. Ma di altre si sono persi i nomi. Sono figlie dell'acqua: si narra che il loro padre fosse il fiume Achelòo, e la madre una delle Muse, Melpòmene. Perciò cantano, e nessuno mai tra gli esseri viventi sa farlo come loro, e non possono staccarsi dal mare.

Alcuni dicono che un tempo fossero bellissime

ragazze, le amiche predilette di Persefone. Ma un giorno, mentre stavano cogliendo insieme a lei fiori su un prato facendo mazzetti di tanti colori, all'improvviso con un boato la terra si aprí, e ne balzò fuori un essere fosco e nero come la notte, sopra un carro trainato da cavalli neri; aveva una corona d'oro sul capo e un'espressione terribile, catene d'oro brillavano sulla sua veste ugualmente nera, ma non davano né luce né gioia, soltanto terrore. In un attimo volò sul gruppo delle ragazze, e mentre passava, sporgendosi appena dal carro, sollevò con un braccio Persefone e la portò via con sé. Un attimo dopo il carro era già lontano.

A quella vista terribile le Sirene fuggirono gridando in ogni direzione e lasciarono cadere i loro mazzetti. Solo una ninfa delle acque, Ciane, ebbe il coraggio di opporsi a quella violenza: dai gorghi della sorgente emerse sino alla vita, con i seni turgidi gocciolanti di rivoli chiari. Gridò con la sua voce acuta e sottile che nessuno poteva sposare Persefone senza il permesso della madre Demetra, e allargò le braccia tentando follemente di fermare il carro. Mentre la sfiorava galoppando, Ade la toccò col suo scettro e subito Ciane sentí il viso perdere il contorno e svanire, i capelli divennero alghe, il corpo si dissolse nell'acqua, e da allora nessuna ninfa abitò piú quella sorgente.

Il carro galoppò volando fino al centro del lago che avrebbero chiamato Perge, nei pressi del luogo dove poi sarebbe stata costruita la città di Enna. Volteggiò qualche attimo sopra le acque scure e ferme, poi Ade affondò lo scettro in fondo al lago e a quel colpo si aprí un gorgo fino al centro del pianeta. Il carro sprofondò e scomparve in quella voragine vertiginosa, poi le acque si richiusero. Cosí Ade rapí Persefone e ne fece la sua sposa, la regina del regno dei morti. Gelidi baci le diede, quella notte, nel suo palazzo d'oro e di bronzo, e la ragazza piangeva mentre chiamava sua mamma, Demetra, dea della terra, ma lei non poteva udirla.

Quando Demetra seppe che cosa era accaduto lanciò grida terribili, e si adirò con le amiche della figlia che non avevano saputo difenderla. Le trasformò in uccelli, ma lasciò per una beffa crudele che il viso rimanesse umano e ne conservasse la bellezza. Allora le Sirene volarono via e da quel momento per la vergogna presero dimora su scogli remoti in mezzo al mare, dove nessuno poteva vederle. Il vento della morte era passato vicino a loro, perciò esse stesse davano la morte, con l'unica arma che possedevano, la magia del canto. Ade non le aveva volute, perché a lui interessava solo Persefone, e allora le Sirene gli offrivano questo tributo, sperando che un giorno il signore dei morti le avrebbe prese con sé, per riunirle alla loro amica nella terra dei defunti.

«Ascoltate il nostro canto, marinai, chiunque voi siate. Tanti l'hanno fatto prima di voi, e ora sono felici. Siete stanchi del mare, delle fatiche, la nave è ferma nella bonaccia, la terra è lontana. Nessuno vi aspetterà, nel luogo in cui siete diretti; da troppo tempo siete lontani da casa, noi lo sappiamo. La vita vi ha sfinito, il vostro cuore è pieno di tristezza e non riuscite a dimenticare i vostri amici che sono morti a Troia, noi lo sappiamo, sappiamo tutto. Volete rivedere il viso di vostra moglie, dei vostri figli, della donna che ha promesso di aspettarvi? Avvicinatevi, li vedrete riflessi nei nostri occhi; li vedrete come sono ora e com'erano nel momento in cui li avete lasciati. Noi conosciamo cose che sono nel vostro cuore e non conoscete nemmeno voi.

Non crediate che qui ci sia la morte, non date ascolto ai racconti che nei porti fa la gente da nulla che non ci ha mai viste. Qui noi offriamo la conoscenza e la pace. La vostra nave si sta avvicinando, siamo noi a dominare la corrente con la nostra magia».

Un arcobaleno si disegnò nel cielo, e al centro una colonna fatta di raggi di tutti i colori, che ruotava come un fuso attorno a se stessa. Le Sirene iniziarono a cantare, prima piano, quasi sottovoce. Il loro canto si trasformò in un brivido di onde, che scivolavano verso la nave; i marinai si affannarono sui remi, ma la corrente la attirava inesorabilmente verso gli scogli.

Una Sirena si tuffò nel mare, e subito le piume divennero squame, e mentre affondava una coda d'argento guizzò per un attimo nell'aria.

Ulisse osservò alzarsi la colonna di luce nel cielo, e contemporaneamente udí i suoni, di flauti e di cetre, e voci bellissime. Noi ti raccontiamo quello che è stato e quello che sarà, cantavano le voci, e cose che di te stesso non sai. Poi il canto salí, proprio come aveva detto Circe: una musica mai sentita prima, fatta di bagliori e di acqua.

D'improvviso nella mente di Ulisse quella musica si trasformò in immagini, come se sognasse: gli parve di essere in una galleria buia e in fondo vide un barbaglio di luce e tante donne attorno a sé; dietro di loro il viso stravolto di sua madre Anticlea, giovane. Il primo momento della sua vita. Lo lavavano e lo pulivano, poi piangeva mentre lo avvicinavano al seno della madre. Subito dopo d'improvviso si vide vecchio, con una lancia in mano e di fianco suo figlio Telemaco, già un uomo nel pieno degli anni, e dietro la sua gente di Itaca con spade e lance. Di fronte, un gruppo di altri uomini appena sbarcati da una nave, forse predoni. A guidarli un giovane dagli occhi neri, luminosi e un po' beffardi, che gli ricordavano qualcuno. Ma non ebbe il tempo di pensare: il giovane gli scagliò contro uno strano giavellotto di legno con la cuspide che sembrava fatta da un pungiglione. La sentí colpire il suo fianco, appena appena, ma subito gli mancarono le forze. Doveva essere avvelenata. Provò la sensazione di scivolare a terra. Poi ancora buio. E nel buio sentí di nuovo la musica delle Sirene e il loro canto. Infine tornò la luce e gli scogli vicinissimi, e visi di donne; la loro bocca aperta modulava un canto fatto di note sempre piú alte. Intanto i compagni remavano e sudavano, occhieggiando spaventati verso gli scogli, ma senza sentire nulla.

Improvvisamente, abbracciata con una mano a una fiancata della nave, comparve un'altra donna. Una coda di pesce a fiore d'acqua. Aveva lunghi capelli neri, occhi chiari come il cielo, due seni divaricati ed eretti da ragazza, sorrise con labbra rosse come il corallo e denti bianchissimi e un po' ferini, dal suo corpo si spandeva intenso l'odore magico del mare.

– Non credere alle bugie che sono state inventate su di noi, noi non uccidiamo nessuno, amiamo soltanto.

Dentro la sua voce si avvertiva il lieve fruscio delle ultime spume sulla ghiaia del lido e l'eco delle risacche notturne. Con la mano libera fece un cenno a Ulisse, invitandolo a tuffarsi, gli sorrise ancora, poi scomparve.

La nave stava quasi radendo gli scogli. Ulisse fissò un'altra delle Sirene negli occhi; avrebbe voluto raggiungerla, si divincolò, ma le corde lo trattenevano e anzi Euriloco accanto a lui strinse i nodi ancora di piú. La Sirena era vicinissima e lo guardava: una donna meravigliosa dalla cui bocca spalancata usciva una nota alta e interminabile. Dentro quegli occhi, Ulisse cominciò a scorgere i volti dei suoi compagni, di Penelope, di suo padre, di sua madre, centinaia di altri volti scorrevano davanti a lui, tutti i suoi ricordi mescolati: Achille che trascinava per la pianura il corpo di Ettore, Telemaco appena nato tra le braccia, il corpo di Penelope avvinghiato al suo, la prima volta che aveva ucciso un uomo, il Ciclope con un palo conficcato nell'occhio, e il profumo della pelle di Circe. Ogni istante del suo passato gli sfilò davanti, come in un fiume. Poteva sentire la corrente della sua vita fluire come se fosse sulla riva e il passato tornasse presente, per un istante, e il tempo scivolasse nella direzione opposta, verso il passato. La voce delle Sirene era altissima. Poi, silenzio. Le immagini svanirono e tornò a vedere le schiene sudate dei compagni curve sui remi.

Un alito di vento iniziò a gonfiare la vela. Sugli scogli non c'era nessuno, e non si sentiva piú nulla, se non il rumore del mare che batte sulle alghe verdi e sui molluschi aggrappati alla roccia, coprendoli e scoprendoli con il moto alterno delle onde. Alcuni piccoli uccelli cercavano cibo nelle pozze scavate dal vento sulle rocce, in cui ristagnava un po' di acqua salmastra.

La nave si allontanò, i marinai si tolsero la cera dalle orecchie e riposero i remi. Euriloco slegò Ulisse. Tutti si accalcarono attorno a lui. – Che cosa ti ha detto il canto delle Sirene? – gli chiesero pieni di curiosità.

– È il mio segreto, – rispose Ulisse, avviandosi verso il timone a riprendere la barra. In lontananza attraverso l'aria limpida si distingueva la linea scura di un'altra costa da cui svettava la cima di un vulcano coperta di neve.

Eschatiá

L'isola senza tempo: Calypso

«Attorno a quest'isola non battono mai le onde, non si sente nemmeno il rumore della risacca ma solo un continuo, sommesso, scivolio del mare contro la riva. Le tempeste si vedono lontano, verso l'orizzonte, dove il mare cambia colore e diventa striato di spume bianche, ma qui la rabbia dei venti non arriva.

Era quasi il tramonto, quando vidi in mezzo alle onde una macchia scura, la chiglia di una nave rovesciata, che interrompeva l'uniforme verde cupo della burrasca. E sopra il relitto un'altra macchia, un uomo. Il flusso della corrente lo stava portando qui; non arrivano mai uomini, su quest'isola, e neppure dèi. Questa è un'*eschatiá*, un limite. Oltre non c'è piú nulla, solo acqua, poi ancora acqua. Sempre uguale.

A poco a poco la macchia scura s'ingrandí, uscí dalla zona grigiastra del mare agitato e cominciò a fluttuare lentamente verso la costa galleggiando sulle onde infiammate del tramonto. Ormai sull'orizzonte si disegnavano solo le ultime strisce di luce, tra poco Selene avrebbe cominciato a spingere nel cielo il suo carro d'argento. Quando il relitto si arenò sulla spiaggia, niente si muoveva. Quell'uomo sembrava morto, ma io capivo che non lo era. Le mie ancelle lo raccolsero e lo portarono nella grotta. Lo lavarono, lo posero su un morbido letto, e ogni tanto gli versavano in bocca un poco di vino miscelato con miele. Io gli ungevo gli occhi e il corpo con gocce d'ambrosia, il cibo degli dèi. Ci vollero due giorni prima che si svegliasse, e molti di piú perché si alzasse dal letto e riprendesse a camminare. Quando rivide la luce ero china sopra di lui.

Mi guardò come se uscisse da una nuvola, poi a poco a poco il suo sguardo si rischiarò. Sollevò il busto dal letto puntellandosi con le braccia.

Gli porsi una coppa di vino con miele, dolcissimo; bevve un sorso e mi guardò ancora. Poi mi chiese dove si trovasse e chi fossi.

Gli dissi che ero Calypso, la figlia di Atlante, il Titano, che sorregge le colonne del mondo. E che si trovava sulla mia isola, Ogigia, l'ombelico del mare.

Si lasciò ricadere sul giaciglio fatto di molte coperte.

Passò un intero ciclo di luna, e una notte lo presi per mano, lo feci alzare dal suo letto e lo condussi nel mio. Era la prima volta che giacevo con un uomo, creatura effimera, io che sono immortale».

Gli scogli delle Sirene erano spariti all'orizzonte. Il vulcano si disegnava sempre piú nitido contro l'azzurro del cielo, con una corona di neve attorno alla cima e colate rosse di fuoco che scendevano su un fianco. Prima della partenza dalla sua isola, Circe gli aveva spiegato quale nuovo pericolo stava per accoglierli, ma lui non ne aveva parlato ai compagni.

Calò il sole, e in quella notte brillava in cielo una sottile falce di luna, con una breve scia sull'acqua. Il vento soffiava silenzioso nella vela, tutti dormivano, tranne il timoniere.

Ulisse gli aveva raccomandato di tenere la rotta nel mezzo tra le due linee di costa. Ora era avvolto sotto una coperta di pelli e pensava. Domani qualcuno dei suoi compagni sarebbe morto, e forse anche lui; non c'era rimedio.

Quando l'alba sorse su quel giorno terribile, Ulisse si rivestí della corazza e si pose sulla tolda della nave; i compagni lo guardavano inquieti, ma nessuno osò parlare. Il vento prese forza, la vela si gonfiò. La nave filava, spinta dal vento e dai remi, e giunse in mezzo allo stretto. Ulisse sulla prua, con due lance in mano, scrutava lo scoglio di Scilla, ma non appariva niente, vedeva solo roccia uniforme e compatta.

Ed ecco che iniziò a sentirsi un sibilo, e diventò un boato, a mano a mano che la nave avanzava. Una nebbia sottile si disperdeva nell'aria e sembrava una colonna che uscisse dal mare: il vapore che saliva da Cariddi gettava spruzzi tutto intorno e li faceva ricadere. Lí era la morte certa.

Per forza la nave dovette virare verso l'altissima roccia scura che stava dall'altra parte dello stretto. Ed ecco che, mentre tutti gli occhi erano fissi sul gorgo mostruoso, raggelati dal terrore, in un attimo guizzarono fuori come uscendo dal nulla le sei teste di Scilla, irte di una triplice fila di denti, l'immagine nera della morte.

Sei ne afferrò, e li trascinò con sé nella grotta. Si vedevano i loro piedi agitarsi nell'aria, e chiedevano aiuto e invocavano Ulisse.

Lui scagliò una lancia e poi un'altra, ma rimbalzarono contro la pelle del mostro. Le teste si agitavano come tentacoli, mentre si ritiravano nella grotta, con le prede urlanti che si divincolavano. Urlavano il nome di Ulisse, mentre i denti del mostro li stritolavano. Poi le urla cessarono. Il sangue colava sugli scogli, e intanto la nave passò. Voltandosi Ulisse vide soltanto la roccia liscia. Le teste di Scilla erano rientrate nella grotta.

– Fu la cosa piú orrenda che vidi, tra tutte quelle che mi toccarono vagando per le strade del mare.

Calypso lo ascoltava muta, nell'ora degli dèi, quando le nuvole all'orizzonte svanivano assorbite dal cielo e la sera era sospesa nel suo silenzio, come se qualcosa di magico avesse dovuto mostrarsi. Il mare taceva e anche i gabbiani. Poi, come ogni altra notte, l'avrebbe preso per mano e condotto nella grotta, ma mentre lui stava parlando lo fissava con i suoi occhi viola, e sembrava provare pietà, per come gli dèi possono provare pietà.

– Eravamo riusciti a passare dallo stretto. Ora restava un solo ostacolo, come un uomo s'arrampica sino alla cima di un abisso e gli manca un gradino, un gradino soltanto per mettersi in salvo, ma la roccia è scivolosa e rischia di precipitare. Circe mi aveva predetto l'ultimo pericolo: la fame.

Rapidamente arrivammo a una costa bassa, fitta di canneti. Da lontano potevo sentire i muggiti e i belati degli animali, e vedere i recinti in cui rientravano da soli dopo il pascolo.

Svelai allora la profezia di Circe ai miei compagni. Dissi che ci saremmo dovuti tenere lontani da quella terra, che eravamo arrivati all'isola del Sole e quelle erano le sue mandrie. Che ci sarebbe capitata una sventura e avremmo fatto meglio a staccarci dalla riva, dirigendoci verso est; proseguendo poi su quella rotta saremmo arrivati a Itaca in pochi giorni.

Era il consiglio migliore, ma i miei compagni non vollero obbedirmi, sciocchi che erano. Un mormorio di protesta si diffuse per la nave. Cosí dovetti cedere, ma presentivo sciagure.

Per tutta la notte il tempo fu buono. All'alba si scatenò un vento furioso. La tempesta iniziò ad alzare onde alte come torri e bianche di spume minacciose. Il vento faceva volare via le nostre tende, in fretta dovemmo portare la nave al sicuro dentro una grotta. Era una caverna dove certo le ninfe si radunavano per i loro cori: si sentiva un profumo di viole che sembrava uscire dalle rocce e l'acqua era prodigiosamente calma e trasparente.

Non si poteva navigare con un mare che batteva furibondo contro la riva e un vento che piegava i canneti sino a terra. Allora compresi che gli dèi ci stavano mettendo alla prova. Di nuovo parlai ai miei compagni ammonendoli di non toccare quelle mandrie, animali sacri che appartenevano al Sole. Li feci giurare e giurarono.

Il vento soffiò tutto il giorno e anche il giorno seguente. Per tutto il mese infuriò, ora Scirocco, ora Noto, anche i gabbiani volavano alti nel cielo grigio e non osavano planare sulla cresta delle onde. Intanto le provviste cominciavano a mancare. Quando finirono, gli uomini si misero a catturare uccelli e pesci, cosí come capitava, ma ogni giorno di piú la fame cresceva. Intanto, le pecore del Sole e le sue vacche nere, con grandissime corna a mezzaluna, pascolavano vicine a noi, pacifiche, e io sapevo che cosa avevano in mente i miei compagni; ma vigilavo, con la lancia in pugno, anche la notte quasi non chiudevo occhio, per evitare che qualcuno si lasciasse trasportare dalla fame e uccidesse un animale.

Al trentesimo giorno mi allontanai dalla costa, per cercare un luogo isolato sopra un'altura, da cui implorare in solitudine Zeus e gli altri dèi di placare la tempesta. Infine, caddi in un sonno profondo, stremato.

Fu allora che un demone malvagio portò alla rovina i miei compagni. Euriloco parlò, e diede un cattivo consiglio. Disse che se era destino morire avrebbe preferito farlo con la bocca piena, piuttosto che languire a poco a poco qui. Li esortò a uccidere qualche vacca: a Itaca avrebbero poi innalzato un tempio al Sole e gli avrebbero offerto doni bellissimi, per placarlo.

Cosí catturarono le vacche piú floride, le uccisero, le scuoiarono e misero le carni sugli spiedi.

Quando mi svegliai e tornai verso la nave, sentii odore di carne arrostita, e compresi quello che era accaduto: gli dèi mi avevano gettato il sonno sugli occhi per la rovina dei miei compagni!

Vidi prodigi inquietanti, le pelli scuoiate si muovevano, si sentivano muggiti alzarsi dalle carni arrostite. Quando arrivai i compagni erano muti, con la testa bassa; quel cibo era la loro morte, ora lo sapevano.

Il giorno dopo il vento cessò. Facemmo uscire la nave dalla grotta e ci mettemmo per mare. Il vento era fresco, la nave filava. Ma quando fummo lontani dalla costa, il cielo si coprí di una coltre di nubi nere e le onde si alzarono.

– Lo so, – disse Calypso, – gli dèi sanno quello che accade nel mondo invisibile. Il Sole si lamentò con Zeus e minacciò di non risplendere piú sulla terra; allora Zeus gli promise di scagliare il fulmine su quella nave di empi.

– Cosí avvenne, – riprese Ulisse, – sentii odore di zolfo tutto intorno, e un lampo accecante riempí l'aria. Le sartie si ruppero, l'albero vacillò e si spezzò cadendo su una fiancata, l'acqua cominciò a entrare e la nave roteò su se stessa, una volta, due volte, tre volte prima di spezzarsi. I compagni furono trascinati tra le onde e scomparvero tra le spume del mare infuriato. Li persi tutti, e non hanno una tomba. Io mi aggrappai a un pezzo di chiglia. Il mare si calmò d'improvviso, tornò a splendere il sole, ma la corrente mi stava trascinando indietro, verso Cariddi. Sentii il muggito orrendo del gorgo, e il rottame fu attirato lí dentro, sempre piú veloce. Sopra il gorgo si sporgevano gli ultimi rami di un grande fico: la mia unica speranza. Quando il relitto era già sul ciglio del vortice, spiccai un salto con tutte le forze, qualche dio mi aiutò: riuscii ad afferrare un ramo, e il ramo resse. Ma era impossibile arrampicarsi piú in alto; rimasi lí, a pendere, immobile perché temevo che a un movimento brusco il ramo si sarebbe spezzato.

Sentivo gli spruzzi alzati da Cariddi che mi inondavano la schiena. Poi, a poco a poco si fecero piú radi e il boato diminuí. Compresi che il vortice stava per invertirsi; guardai sotto e vidi le pareti d'acqua diventare meno ripide, sinché si chiusero e il vortice cominciò a girare in direzione opposta, dapprincipio piano, poi sempre piú veloce e si formò nuovamente quella spaventosa voragine d'acqua che arrivava sino alla sabbia del fondo. Rigettò pesci facendoli balzare nell'aria, tronchi di alberi e infine, ecco, anche la chiglia. Mi lasciai cadere e in poche bracciate la raggiunsi; incominciai a remare con le mani per allontanarmi alla svelta. La corrente mi stava portando lontano da Cariddi. Per fortuna Scilla non mi vide, o qualche dio mi protesse ancora.

Mi trovai in mezzo al mare, senza nulla intorno. È spaventoso, Calypso, essere in quella condizione, non puoi fare nulla se non attendere di morire. Per nove giorni e nove notti fui portato dal mare, e per fortuna nella chiglia spezzata c'era un ripostiglio con un otre d'acqua e qualche oliva. L'ultima cosa che ricordo è una macchia scura all'orizzonte e poi il buio. Quando tornai in me vidi il tuo viso chino sul mio e i tuoi occhi viola che mi guardavano.

– Eri svenuto, – disse Calypso, – in poco tempo saresti scivolato nella morte senza saperlo. Quel giorno ti ho salvato e voglio continuare a salvarti qui, dal tempo, dalla morte, dai tuoi pensieri. È meglio vivere con me, Ulisse, dimenticati Itaca, nel mezzo c'è tutto il mare, non hai una nave e se pure riuscissi ad arrivare che cosa troveresti là? Forse nessuno, forse i tuoi cari sono morti, o ti hanno dimenticato, forse un altro uomo divide il letto con tua moglie. Guardami. Non sono piú bella io di Penelope? Un attimo solo, un tuo sí, e sarai immortale.

Ulisse la guardò con quegli occhi che Calypso aveva imparato a conoscere quando erano vicinissimi ai suoi mentre la abbracciava.

– Lo so bene anch'io che Penelope non può starti alla pari, non è cosí bella, non è cosí saggia. Sarà invecchiata, avrà fili bianchi nei capelli. Lo so. Sul viso delle nostre donne il tempo passa, disegna delle rughe, ma io so che saprò vedere la sua bellezza anche oltre quelle rughe. Tanti anni sono trascorsi; tu sei una dea sempre giovane, sempre perfetta, lei è una creatura mortale. No, non può starti alla pari. Ma anche cosí voglio tornare a casa, da lei, dalla mia gente, e se i miei genitori sono morti voglio versare offerte sulla loro tomba, è l'unico conforto che abbiamo noi mortali: loro sono svaniti nel luogo sconosciuto della morte. Voglio risentire gli odori della mia terra, stare tra il mio popolo. Itaca non è bella come la tua isola, è una terra aspra, pietrosa; e i suoi abitanti sono piccole persone, pastori, marinai, non conoscono le arti e la bellezza. Ma è la mia patria, io sono il loro re. Sono disposto a riattraversare il mare, e se un dio mi perseguiterà ancora, sopporterò come ho già sopportato tutto. Ho un cuore paziente.

– Non ho navi da darti, e nemmeno marinai. Non c'è modo di andare.

Non è grande, Ogigia, non ha luoghi aspri e neppure animali selvaggi. Nessun bosco, nessun monte. L'isola di Calypso si stende circolare in mezzo all'Oceano, proprio come un ombelico. Nessuna terra visibile, solo acqua.

La grotta è rivolta nella direzione del sole e verdi piante rampicanti la coprono tutta, come una cortina. Dentro, non si sente mai né caldo né gelo, e sebbene sia una caverna sembra che non sia uno sperone di roccia ma un'immensa conchiglia che si spalanca verso l'alto come un cielo. Infiniti colori la animano, stalattiti variopinte, una meraviglia per gli occhi. Fuori dalla grotta si distende un prato e attorno un boschetto di alberi; sui loro rami fanno il nido uccelli di ogni tipo, i gabbiani vanno e vengono dall'acqua salmastra, stridendo con le loro prede nel becco. Intorno alla grotta s'arrampica un'altissima vite carica di grappoli, e scorrono quattro fonti di acqua limpida, e il prato è trapunto di viole e fiori di ogni colore. Un piccolo universo di pace.

A Ogigia tutto è morbido e dolce, come la dea che la possiede.

Quando Ulisse stringeva tra le braccia Calypso i capelli di lei, lunghissimi, profumati di fiori, lo avvolgevano completamente. In quelle notti si sentiva nella grotta solo il profumo della pelle di Calypso, lo stesso profumo delle viole e dei crochi, onnipresente, che impregnava tutta l'isola. Ogni tanto però arrivava dal mare il soffio della brezza che portava da chissà dove un alito di lavanda e di macchia, qualcosa che Ulisse ricordava di avere sentito attorno a sé molte volte a Itaca. Un alito caldo che gli ridestava i ricordi. Da dove arrivava? Niente di simile cresce sull'isola di Calypso.

Calypso lo attirava a sé, trattenendolo, irretendolo con i suoi capelli fulvi come il rame, e quel corpo pareva trasparente e lieve quasi come se fosse fatto di una materia diversa. In silenzio, notte dopo notte, Calypso accoglieva Ulisse nel suo letto. La luna non si vedeva, dal fondo della grotta; solo ogni tanto filtrava qualche raggio argentato. La notte era tutta di Calypso, la Nasconditrice. Per Ulisse era un tuffo nell'oblio; il suo tormento iniziava però con l'alba, avrebbe voluto non veder mai sorgere il sole. La mattina usciva dalla grotta, attraversava il prato e cercava una roccia a picco sul mare. Nei primi tempi per riempire la mente gli bastava l'amore con Calypso e aspettava solo che arrivasse il tramonto. Poi, col passare dei mesi, qualcosa di molto triste cominciò a insinuarsi nella sua anima. Forse lo avevano rattristato le folate di vento che portavano con sé l'odore del salmastro, e quel miscuglio di profumi della sua terra, lavanda, mirto, ginepro, rosmarino. Il suo cuore si gonfiava di tristezza e le lacrime gli colavano sulle guance. Gli tornavano alla mente Penelope, i suoi genitori, cosí come li aveva visti per l'ultima volta quando l'avevano accompagnato alla nave, tanti istanti della sua vita antica, e la culla di Telemaco piccino appesa in mezzo alla stanza tra due colonne, e Penelope che ogni tanto si alzava per dondolarlo. Il mondo degli eroi svaniva, e tutta quella gloria gli sembrava inutile. Non pensava piú alle sue imprese, al cavallo che aveva costruito, alle battaglie sotto Troia e neppure al canto delle Sirene e alle avventure in terre ignote.

Calypso non riusciva a consolarlo perché non aveva mai sperimentato la pena del cuore di Ulisse. Lei non conosceva nostalgia.

– Capisco che per voi uomini il tempo che passa è una cosa terribile; voi sentite i giorni e gli anni scorrere, come i granelli della clessidra.

Il vostro corpo invecchia, siete l'effimera gente che perisce, come una foglia s'accartoccia in autunno; il nostro corpo invece è al di fuori del tempo. Ciò che per un essere umano è un attimo di bellezza e di armonia per noi diventa infinito.

Noi non conosciamo la pena di sentire il tempo che fugge via, e io vedo, Ulisse come sei triste quando ricordi. Un essere umano, per quanto ne soffra, non potrà fare nulla per fermarlo, e persino nella vostra anima voi sperimentate la legge del mutamento, perché i vostri sentimenti cambiano e può accadere che un amico diventi un nemico, che chi ti ama smetta di amarti. Si dice, ed è un antico detto, che quando gli dèi vogliono fare a un uomo il dono piú bello lo sottraggono alla sensazione del tempo: lo fanno finire, cosí, in un istante, ed egli non sentirà piú scorrere l'acqua del fiume sulla quale la sua vita passa come un ramoscello trasportato dalla corrente. Però voi non capite il privilegio che vi è stato donato, e vorreste continuare a scorrere perché solo questo conoscete.

Io invece ti offro di diventare come noi. In quest'isola il tempo non esiste; neppure un capello sul tuo capo è diventato bianco.

– Sette anni sono trascorsi da quando mi hai raccolto, senza di te sarei già finito, come dici. E forse sarebbe stato meglio per me. Ma io penso di avere ancora tempo davanti, forse gli dèi vorranno concedermi altri doni.

– Per sette anni sei stato al di fuori del tempo. Fai un altro passo, Ulisse, diventa come me, accetta quello che ti offro. È facile, ti posso rendere immortale, smetti di rimpiangere la tua gente.

Calypso gli proponeva quasi ogni sera la stessa offerta senza ricevere risposta. E a volte, per convincerlo, gli parlava di quando a regnare erano altri dèi.

– Un tempo sul mondo dominava una razza di dèi migliore, i Titani. Io sono figlia di uno di loro, Atlante. Mio padre è incatenato nell'estremo occidente e la sua condanna è di portare sulle spalle il peso del mondo, nel punto in cui la terra si divide dal cielo. Tutto il suo immenso corpo è piegato e contorto sotto la fatica, per l'eternità. Solo. Nessuno mai gli parla e il silenzio è la seconda sua pena. Io non sono mai andata a trovarlo, non voglio. A oriente, nel Caucaso, un altro Titano grida incatenato su una rupe, Prometeo, mentre un'aquila gli rode il fegato ogni giorno, e di notte sempre gli ricresce, perché ha osato donare agli uomini il fuoco che gli dèi tenevano nascosto. Passano i secoli, come un battito di palpebre e loro sono sempre lí.

Una terribile razza abita sull'Olimpo e tutto si deve piegare al loro volere. I Titani erano piú miti; alla loro epoca vivevano gli uomini dell'età dell'oro, che ora sono scomparsi. I frutti crescevano da soli, le messi indoravano i campi senza essere seminate, non si facevano guerre, nessuno era nemico di un altro, non cercavano la gloria come fate voi, che siete simili ai vostri dèi crudeli. Regnavano i Titani, e Crono era il loro re.

Questo è l'ultimo angolo di mondo titanico, qui c'è pace e bellezza: guarda come anche quegli uccelli vivono in armonia tra loro e fanno i nidi sui rami del mio boschetto. I signori dell'Olimpo hanno permesso che continuassi a regnare nella mia piccola terra.

– Vedi bene allora, – rispose Ulisse, – che essere immortali può voler dire rendere eterna la sofferenza. Non parlare cosí, Calypso. Atena, la mia dea, io l'ho sentita molte volte vicina a me, e mi ha soccorso. Gli dèi non sono crudeli, se li onori. Solo, devi capire qual è il tuo posto nel mondo. A me hanno offerto tanti doni, la mente acuta e la parola e il coraggio. Se le cose stanno come dici tu, un tempo non esistevano queste qualità, perché non ce n'era bisogno. Gli uomini vivevano in una specie di sogno. I nostri dèi ci hanno insegnato le arti per vivere davvero, senza di loro non ci sarebbe la civiltà.

– Non credere alle storie che ti hanno raccontato, che Crono divorava i suoi figli perché aveva paura che lo spodestassero. Non è cosí. Li nascondeva nel suo ventre perché sapeva che sarebbero stati una razza funesta e feroce; perciò li teneva in un grembo caldo, e protetto, come io Calypso proteggo te in questa isola dopo averti salvato dalla tempesta.

Un tempo Crono fu ingannato da sua moglie: gli fece ingoiare una pietra avvolta di fasce ed egli pensò che fosse il suo ultimo nato, Zeus. Invece il piccino fu portato in segreto a Creta e nascosto in una grotta, e lí crebbe sinché osò sfidare suo padre. Vinse Zeus, alla fine.

Da allora il mondo ha dimenticato la pace, ma tu puoi trovarla qui.

Una di quelle infinite albe Ulisse era uscito dalla grotta per andare verso la solita roccia a picco sul mare.

Ed ecco che sul prato di Calypso comparve una figura di luce, scivolava sopra l'erba e sembrava che non la sfiorasse nemmeno. Un giovane, biondo, con un sorriso sul volto.

Si guardò intorno ammirato.

– Che luogo incantevole è questo, Calypso. Non ho mai visto un prato tanto meraviglioso, eppure sono stato in ogni parte del mondo. Anche da noi il cielo è limpido come il cristallo, e non cade mai neve, e l'aria è tersa e senza vento, ma un prato cosí bello non l'abbiamo. Ho fatto molta strada sopra le onde per raggiungerti, so che tu ami la solitudine di questo luogo incantato. Non cerchi feste, canti, non vieni mai ai banchetti di cui noi ci dilettiamo, eppure ti accoglieremmo con gentilezza.

– Ti ho riconosciuto, – rispose Calypso con il cuore che le batteva forte in petto, – deve essere grave la questione per cui sei qui, non accade mai che tu venga in questo luogo estremo, attorno non c'è che acqua.

– Vengo come messaggero. Tra noi in alto ci sono state molte parole, su quest'uomo che tieni con te da tanti anni. Bisogna che il suo destino si compia.

– So che cosa vuoi chiedermi. Come siete invidiosi voi che abitate sull'Olimpo! Non volete che gli altri trovino la felicità! Io ho avuto solo un amore nella mia vita, questo mortale che ho salvato dal mare, e voi me lo volete togliere, volete che torni là da dove l'ho salvato, in mezzo alle onde e ai pericoli. Davvero per voi gli uomini sono solo i burattini del vostro spettacolo. Io volevo trattenerlo, sarebbe bastata una coppa di nettare per averlo qui con me, per sempre, un sorso per l'immortalità...

– Ma lui non ha voluto, hai avuto sette anni per

convincerlo, e non ci sei riuscita. Ora è venuto il suo tempo. Devi lasciarlo partire.

– Affronterà pericoli, farà naufragio, incontrerà nemici, e tornerà a conoscere il dolore, qui l'aveva dimenticato.

– E morirà alla fine, ma l'ha voluto lui. E non solo lui. Questo deve essere, lo abbiamo deciso, è nel suo destino. Atena, la sua dea, l'ha perdonato e lo aiuterà.

Calypso scosse la testa, sapeva di dover cedere.

– È pur bello soffermarsi qui, – riprese il giovane, – mi riposerei anch'io qualche tempo, se non avessi le tante incombenze che mi sono state affidate. Tu, Calypso, starai bene come sempre sei stata, qui tra i tuoi giardini e le tue ninfe, in questo piccolo mondo separato. Noi dell'Olimpo proviamo passioni, tu no, qui. Lo dimenticherai. Io sono solo un messaggero, non adirarti con me. Fallo partire; insegnagli come si costruisce una zattera.

– No, non credo che lo dimenticherò.

– Tu non conosci le passioni di chi vive nel mondo, fuori dalla tua isola, per questo non puoi capire quelle di Ulisse.

Con un cenno di saluto si congedò svanendo in una gran luce e incendiando per un istante di un colore rosso il prato di Calypso.

Ulisse capí subito che era successo qualcosa. Vide Calypso uscire dal boschetto, fermarsi accanto a lui e fissarlo a lungo.

Gli sorrise passandogli una mano tra i capelli e strappandone uno. Bianco.

– Ecco il tempo ricomincia a scorrere per te. I granelli della clessidra riprendono a cadere, prima o poi saranno andati tutti. Tu non hai voluto ascoltarmi e d'ora in poi quello che succederà appartiene a te. Sette anni: con Penelope non hai vissuto altrettanto, eppure vuoi tornare da lei. Vai allora. Non piangere piú, non consumarti il cuore.

Ulisse sobbalzò di paura, forse per la prima volta.

– Tu mi stai ingannando, come posso andare, se non ho nave e compagni? Tu mi tendi un tranello, giurami che non mi stai mandando a morire.

– Scaltro, imbroglione che pensi sempre agli inganni, non t'inganno, no. E te lo giuro. Non ti avrei lasciato andare, ma i tuoi dèi me lo comandano, invidiosi e crudeli che sono. Vogliono che voi uomini stiate lontani da loro, che moriate, prima o poi. Io invece ti avrei avvicinato all'eternità, quella clessidra l'avrei fermata per sempre.

Non t'inganno, no. Ti insegnerò a costruire una zattera, solida, che possa attraversare le onde, la riempirò di cibo e di vino, e ti darò un vento propizio. Ma rimpiangerai di essere partito. Tanti pericoli ti aspettano ancora sul mare. Vedrai albe e tramonti, e solo acqua per molti giorni. Bada di non impazzire. Nove giorni ti ha portato la corrente per arrivare qui, ma per tornare saranno molti di piú. Dovrai risalire le correnti contrarie, e le onde oblique.

Si alzò, e lo condusse dall'altra parte dell'isola, dove crescevano gli alberi piú alti e fitti. Gli diede una scure, un'ascia, caviglie di legno, solide corde; gli indicò gli alberi da abbattere per fare una zattera.

Venti ne abbatté senza fatica Ulisse, e sembrava che l'ascia e la scure lavorassero da sole. Poi ripulí i tronchi, li uní saldamente con funi; Calypso gli insegnò come rinsaldare la zattera in modo da connettere bene i tronchi e formare una struttura compatta, poi Ulisse fabbricò il cassero con legni piú sottili e vi adattò due lunghi remi collegati tra loro con una barra, in modo da formare il timone e cinse tutto intorno la zattera con stuoie di vimini a riparo dalle onde. Da ultimo appesantí la chiglia con pietre e rami, in modo da renderla piú stabile. Poi costruí la scassa dell'albero e vi adattò un tronco ripulito di pino, legandolo stretto alla base con forti cinghie di cuoio che facessero da drizze, e tagliò le scotte per dirigere la vela. Calypso gli portò teli per le vele, Ulisse li tagliò e li cucí abilmente. Lavorò per quattro giorni, e il quinto la zattera fu pronta. Allora, con dei rulli la fece scivolare nell'acqua e la attraccò alla riva con una solida fune. Era quasi il tramonto. Calypso gli fece trovare un orcio di vino e una grande giara d'acqua, e una bisaccia piena di cibo.

Poi si sedettero insieme alla mensa ed entrarono nella grotta. Fu la loro ultima notte insieme.

Quando l'alba fece filtrare la sua luce dorata nella caverna, Calypso lo accompagnò fuori, in tutta la sua bellezza.

– Ti darò un vento favorevole. Mentre navighi tieni sempre le Pléiadi, il carro e Orione sulla tua sinistra.

Poi rientrò. Ulisse non disse nulla. Scese alla zattera, spiegò la vela e sciolse la gomena. Lentamente l'imbarcazione uscí dalla baia e incominciò a prendere velocità, la brezza la assecondava da poppa. Il sole salí nel mezzo del cielo, e Ogigia fu presto lontana, bassa sull'orizzonte.

Venne la notte. Ulisse fissava il cielo tessuto di stelle cosí luminose da sembrare vicinissime, splendevano come fiaccole nel buio senza altra luce intorno; cercò Orione, l'unica costellazione che non scompare mai sotto l'orizzonte, e le Pléiadi, sulla sinistra mantenendo la rotta in direzione del grande carro, dove l'Orsa e Boote stanno alte nel cielo.

Il vento veniva sempre da poppa; ogni tanto Ulisse cedeva al sonno e presto si risvegliava, dopo avere ben legato il timone. Passò la prima notte, l'aurora distese le sue luci sul mare, poi fu ancora notte.

Solo in mezzo all'acqua e niente all'orizzonte; qualche asse di legno soltanto lo divideva dall'infinità dell'Oceano, e ogni giorno Ulisse stringeva le corde dove le vedeva allentate e riadattava le caviglie di legno che tenevano i tronchi saldamente uniti tra loro. Ogni tanto il mare si alzava un poco di traverso e la zattera rollava tutta, ma reggeva agli urti. Galleggiava bene, un carpentiere non avrebbe saputo fare di meglio.

Cosí trascorrevano i giorni, sempre uguali, e Ulisse si obbligava a non lasciare vagare la mente, che non si perdesse nell'infinità del mare o fosse schiacciata da pensieri fastidiosi. Tre volte al giorno controllava ogni parte della zattera; viveri e acqua li aveva ancora in abbondanza. Il vento gli scompigliava i capelli, il salino si depositava sulla sua pelle e sulle labbra. Il sapore del mare al largo, dove non si vede la costa, questo l'aveva provato tante volte. Ma il nulla no, mai. Aveva navigato molto, e qualche isola la poteva sempre distinguere in lontananza, ora niente, solo onde e onde. A ogni nuova alba con il coltello incideva una tacca sulla barra del timone. La notte, scrutava il cielo e seguiva le sue costellazioni, sempre tenendole a sinistra. Diciassette giorni durò la navigazione, il diciottesimo gli sembrò di vedere una macchia all'orizzonte che s'ingrandiva. Capí che era un alto monte tondeggiante, come se fosse uno scudo rotondo che sorgeva nel mezzo del mare.

Diresse la zattera proprio nel centro. Ed ecco che, dopo diciassette giorni di sereno, un angolo di cielo cominciò a coprirsi di nubi e il vento rinforzò, le onde si alzarono, battevano contro i ripari di vimini e li sfondavano. Il cielo divenne grigio, poi tutto nero, e scrosci di pioggia iniziarono a cadere. Ulisse ridusse la vela sull'albero e controllò le scotte. Qualche ora, qualche ora soltanto gli sarebbe bastata, dopo diciassette giorni in mare.

Sulla cresta di un'onda, come se fosse il suo nido, una grande procellaria con le ali screziate lo fissava con occhi che non sembravano quelli di un animale.

Kóre

La palla di Nausicaa

La palla scarlatta volò alta, spinta da una folata di vento, molto sopra le mani della ragazza che tentava di afferrarla, e cadde nel fiume oltre la linea verde dei canneti. Le fanciulle gridarono tutte insieme guardandola scomparire: un grido acuto e gentile di ragazze. Fu quel grido a svegliare Ulisse. Dormiva sfinito vicino alle canne, coperto da uno strato di foglie, nudo, sporco di sale. Nella notte un'onda enorme l'aveva sbattuto contro uno scoglio e lui vi si era avvinghiato, con le forze che gli rimanevano, come un polipo alla sua tana quando cercano di strapparlo via. Cosí non era stato trascinato dal risucchio, e prima che arrivasse l'ondata successiva si era arrampicato sulla roccia e aveva visto, proprio davanti a lui, la foce di un piccolo fiume, dove il mare era meno mosso. Si era tuffato subito, e aveva sentito dietro di sé lo scroscio dell'acqua che batteva contro lo scoglio, ma era meno potente e non l'aveva raggiunto. Aveva pregato in cuor suo il dio di quel fiume perché lo accogliesse, e intanto nuotava il piú velocemente possibile fino a quando non sentí sotto la punta dei piedi la sabbia del fondo, una sensazione meravigliosa. Forse Poseidone era soddisfatto della sua vendetta e lo lasciava vivere; aveva raggiunto la foce, gettando via il velo sottile che gli cingeva i fianchi, senza voltarsi, e barcollando si era diretto a riva.

La palla galleggiava sulle acque del fiume, proprio vicino a lui. Cautamente scostò le canne e dall'apertura vide delle ragazze, tutte giovani, tutte graziose, e fra loro una piú bella ed elegante, con capelli biondi e ricci che le scendevano sulle spalle e un viso bianchissimo, come se avesse una luce dentro.

Figure umane, finalmente, dopo sette anni! Ma chi erano quelle ragazze? Sembravano le ninfe che danzano assieme ad Artemide, sole sulla riva del fiume, in un luogo isolato. Cosí com'era, nudo, incrostato di sale, come avrebbe fatto a non spaventarle? Certo sarebbero corse via a chiamare aiuto, uomini stranieri l'avrebbero preso, forse ucciso. Ma non poteva fare altrimenti. Tre ragazze si stavano avvicinando per cercare la palla tra il canneto. Rapidamente raccolse delle fronde per nascondere la sua nudità, uscí dal canneto e si fermò, immobile.

Due ragazze fuggirono gridando. Ma quella che sembrava una regina, rimase ferma.

«È uscito dal canneto e sembrava una fiera, quasi nudo, coperto di salsedine, eppure si capiva che non era un uomo dappoco. Uno sventurato sí, un naufrago. Pochi arrivano alla terra dei Feaci, perché siamo molto lontani dagli altri uomini. Ieri però c'era tempesta e le nostre navi sono rimaste in porto, forse la sua è stata sbattuta sugli scogli e i suoi compagni sono morti. È un uomo forte, si vede, non alto ma con muscoli possenti, si sarà salvato nuotando.

Stamattina l'aria è tornata limpida. Per questo siamo andate al fiume a lavare i panni, i bei panni ricamati e colorati dei miei fratelli, e mio padre mi ha dato un carro con una mula, io ero sopra e le ancelle mi seguivano ridendo e cantando. Solo ragazze, libere, e il tempo era fresco e l'erba verde brillante.

Ho fatto un sogno la notte scorsa; una mia amica mi rimproverava dicendo che ero trascurata e perciò nessun giovane mi avrebbe sposato. Forse quel sogno me l'aveva fatto comparire un dio: era troppo vivido e me lo sono ricordato tutto. Spesso i sogni si dimenticano, invece questa volta mi è sembrato che contenesse un messaggio, e io mi sono emozionata pensando che presto sarei stata di un uomo. Cosí mi è venuta l'idea di scendere al fiume con la scusa dei panni. È vero, ormai sono quasi pronta per le nozze, tra poco mio padre sceglierà chi dovrò sposare e al fiume non potrò piú andare a giocare con le amiche: non si addice a una donna sposata. Ma chi sarà il mio sposo non lo so ancora.

Quell'uomo non mi ha fatto paura. Le mie compagne sono fuggite, ma io sono rimasta dov'ero. Qualcosa che luccicava nel suo sguardo mi ha fermata. L'ho guardato dritto negli occhi, e mi sono accorta in quel momento che era la prima volta che non abbassavo lo sguardo davanti a un uomo. Ha cominciato a parlare da lontano, appena fuori dal canneto, tendeva le mani a supplicare e ho capito che non mi avrebbe fatto del male. Aveva una voce profonda e armoniosa, non ho mai sentito una voce cosí bella, e sceglieva le parole giuste per calmarmi e impietosirmi. La cosa strana era il contrasto tra quegli occhi acuti e penetranti come una spada e la dolcezza della voce con cui prese a parlare.

Mi ha pregato; ha detto che ero bellissima, come una giovane palma: cosí ha detto, una palma, e mi ha stupita perché da noi nessuno paragonerebbe una persona a un albero. A Delo, un'isola lontana, ha visto una palma che si alzava sopra tutte le altre, quella sotto la quale un giorno è nato Apollo, e cosí gli sembravo io, dritta e svettante come una giovane palma. Ha lodato i miei capelli biondi e i miei occhi celesti come acqua chiara, dicendo che solo le dee li hanno cosí. Mi ha parlato di una dea chiamata Calypso che aveva occhi colore del mare profondo, mentre i miei sono piú chiari del cielo quando compare la luna prima del tramonto. Ho sentito qualcosa d'insolito nel cuore, mai nessuno li aveva paragonati a un cielo cosí bello. Ha detto che somiglio a una dea o una regina, e che mio marito sarà un uomo felice. Ha chiesto soccorso, vesti per coprirsi, olio profumato per detergersi dalla salsedine; si vergognava a mostrarsi a me in quello stato, ma non poteva fare altrimenti, per due giorni aveva nuotato solo nel mare in tempesta, non possedeva piú niente.

Allora ho gridato alle ancelle di tornare e distendere sulla riva del fiume una veste bianca, di quelle che avevamo appena fatto asciugare, e di lasciargli l'ampolla di olio profumato con il quale ci eravamo unte dopo il bagno. Non volle che lo lavassero loro.

È entrato nel canneto e quando è ricomparso vestito è andato a sedersi sulla riva del mare, guardando le onde. Sembrava completamente diverso: forte, le spalle e le gambe muscolose e tese, pur essendo un uomo della generazione precedente, come mio padre. Noi Feaci siamo piú agili e sottili, lui era come un leone o un toro, un animale possente. Sono rimasta a osservarlo mentre guardava le spume, e pensava cose che non riuscivo a immaginare, e il suo viso era come se fosse stato scolpito dal vento.

Era una figura bella e strana. Soprattutto mi sembravano strani i suoi occhi scuri, quando li rivolgeva su di me non potevo quasi sostenerne lo sguardo eppure anch'io non potevo fare a meno di fissarlo. Mi ha chiesto chi fossimo e che isola fosse questa; gli ho risposto che si chiama Scheria ed è ben lontana dalle altre, e noi siamo il popolo dei Feaci, gente felice, che non conosce sangue né guerre, e abbiamo navi veloci che sanno tutte le strade del mare e possono seguire la rotta da sole, perché sono viventi, hanno occhi come gli esseri umani, e i nostri indovini li dipingono sulla prua e da quel momento la nave vede le onde davanti a sé.

Mi ha raccontato che stava navigando da giorni e giorni sopra una zattera costruita con mezzi di fortuna su un'isola lontanissima che si chiama Ogigia, dove abita la dea che non voleva farlo partire.

Poi mi ha detto che quando era già in vista della costa il cielo si era riempito di nuvole e aveva sentito tuonare. Era Poseidone che ancora lo perseguitava. Le onde si alzavano e divenivano violente, la zattera scricchiolava, sinché un'onda grandissima che si arricciava in cima, come se fosse una cupola, si era alzata dietro di lui e si era abbattuta sulla zattera. Non ebbe nemmeno il tempo di avere paura, si era trovato sommerso e schiacciato verso il fondo, trascinato in giú in mezzo alla spuma, e per fortuna non era stato colpito da un tronco della zattera sfasciata. Dopo istanti infiniti era riemerso e si era trovato solo in mezzo alle onde infuriate, si era tolto la tunica per nuotare meglio, ma ormai aspettava solo di morire perché la terra era ancora lontanissima, ed era pieno di terrore e disperazione al pensiero di finire cosí. Se fosse almeno morto a Troia là gli avrebbero alzato un sepolcro e i suoi compagni lo avrebbero pianto. Tutti quegli anni sarebbero stati inutili; tutto quel navigare e soffrire, inutile, come le sue speranze. Nessuno avrebbe saputo piú niente di lui e di quello che aveva visto e patito.

Allora avvenne il prodigio. Sentí una voce che gli parlava in mezzo al sibilo dei venti e diceva di essere Leucotea, la Dea Bianca, che vive nelle onde e nelle spume; un tempo era stata mortale e si chiamava Ino, poi si era precipitata in mare da una rupe stringendo tra le braccia il suo bambino, per sfuggire al marito impazzito che la stava inseguendo per ucciderli. Il bambino era morto nel tuffo, ma gli dèi impietositi l'avevano mutata in una creatura marina e da allora ha cura dei naufraghi. Gli disse di prendere il velo bianco che lei teneva in mano e di legarlo attorno ai fianchi. L'avrebbe sostenuto meglio di una zattera. Una volta arrivato a terra doveva però gettarlo subito in mare, dietro la schiena, senza voltarsi.

Dopo aveva visto una grande procellaria tuffarsi in acqua poco lontano da lui e, in quel punto, al suo posto, un velo bianco galleggiava. Si era legato il velo attorno ai fianchi e d'improvviso si era sentito meno sperduto e sostenuto tra le onde. Non gli passavano piú sulla testa, sommergendolo, ma era lui a galleggiare sopra le spume, nuotando senza fatica. Cosí, al tramonto è arrivato alla foce del fiume».

Le ragazze guardavano lo straniero seduto sulla riva del mare.

– Cosa faremo con lui? – domandò una. – Dobbiamo andare in città e chiamare aiuto? Non sappiamo che intenzioni abbia. Forse è un pirata, forse tra quei canneti ci sono altri come lui che potrebbero rapirci.

Nausicaa scosse il capo. – No, l'ho sentito parlare, non è un uomo malvagio. Lo condurremo alla reggia, certo mio padre lo ospiterà. Ospitare stranieri è un dovere per noi Feaci, per questo gli dèi ci proteggono e ci danno la pace.

Si alzò e si avvicinò alla riva. Lo straniero si volse.

– Io mi chiamo Nausicaa e sono figlia del re dei Feaci, Alcinoo. Ora ascoltami. Ti condurrò alla casa di mio padre; qui da noi nessun ospite è stato mai respinto, ma bisogna che tu non ti faccia vedere vicino a noi, non sta bene, e ti noterebbero subito. Non voglio che si sparli di me, gente sfrontata ce n'è e potrebbero dire: chi è lo straniero bello e forte che segue Nausicaa? Un uomo simile a quello poche volte si può incontrare, forse si è andata a cercare uno sposo lontano da qui. Non sta bene che si parli cosí di me, mentre aspetto le nozze. Segui il carro, e quando saremo vicino alle porte siediti nel boschetto sacro di Atena e aspetta che entriamo in città. Non parlare con nessuno e calati il cappuccio sul viso; sembrerai un uomo dei nostri, con le vesti che ti abbiamo dato. I Feaci non amano vedere stranieri che girano sulla loro isola. Noi entreremo nel palazzo a deporre le vesti lavate. Tu aspetta sinché avrai immaginato che noi saremo arrivate e allora alzati ed entra anche tu. Vedrai nella grande sala mio padre con i miei fratelli, e i principi dei Feaci, che vengono ogni giorno a consultarsi con lui. Accanto vedrai mia madre Arete seduta su un altro trono, è impossibile non riconoscerla. È la sposa di mio padre, figlia di suo fratello Rexenore che è morto tanti anni fa. Gettati ai suoi piedi e supplicala con le parole che sei abile a trovare, l'ho capito bene. I Feaci danno ascolto alle loro donne e le onorano. Se mia madre ti accoglie, ti accoglierà anche mio padre. Io sarò lí, e se ci sarà qualcosa da dire, lo dirò in tuo favore.

Si voltò, e raggiunse le ancelle che avevano preparato il carro. Oltre gli alberi, in lontananza, si vedeva una macchia chiara nel sole, una città. Si diressero verso di essa e lasciarono Ulisse alle sue porte. Dalla cortina degli ulivi il re di Itaca la osservava vicinissima. Le mura brillavano bianche di calce, alte, rinforzate da pali; tutto attorno un fregio azzurro, come le acque del porto. Sembravano un'opera di bellezza, per cintare la città e impedire alle case di fuggire via verso i campi. Non c'era niente di terribile o possente in quelle mura, niente come le mura di Troia, nessuna guardia alla porta. Di fianco si aprivano due golfi pieni di navi, alcune alla fonda sull'acqua immobile, molte in secco sui loro rulli. L'imboccatura era stretta: mai il mare avrebbe potuto irrompere furioso lí dentro, e vicino al porto si alzava la sagoma tozza del tempio di Poseidone, il dio dei Feaci; davanti, uno spiazzo circolare dove si preparavano le attrezzature, i remi, le vele, i cordami. Tutte ben fatte, agili, le navi dei Feaci, con gli occhi dipinti di minio sulla prua e le carene rosse; non erano simili alle navi da guerra degli Achei, certo queste erano meno possenti ma molto piú veloci, senza il cassero da cui scagliare frecce, né i rostri per speronare.

Intorno non si sentiva una voce. Pareva lo sfondo di un sogno molto colorato in cui si aspetta che accada qualcosa. Ed ecco che, vicino a un ulivo, comparve una giovinetta con una brocca sul capo. Lo osservò con occhi luminosi, glauchi, tra il verde e l'azzurro; i suoi passi non facevano rumore sul terreno e non sembrava stupita di vedere uno straniero, come se lo conoscesse già.

– Ragazza, – le domandò Ulisse, – puoi guidarmi alla città e mostrarmi il palazzo del re? Sono uno straniero, uno sventurato inerme, che chiede ospitalità a questa gente. Gli ospiti sono un dono prezioso, gli dèi proteggono chi li accoglie.

– È facile da riconoscere, – rispose lei, – accanto vedrai il giardino del re, cinto di siepi tutto intorno, ricco di grandi alberi: peri, viti, meli, alberi di fico, melograni, che danno frutto tutto l'anno, un prodigio: la pera invecchia sulla pera che nasce e il fico sul fico. C'è una vigna bellissima piena di grappoli che crescono continuamente, e alcuni vengono messi a seccare al sole, altri pigiati e ne esce un vino dolcissimo, e l'uva acerba cresce accanto a quella matura. E poi vedrai piante di ogni tipo e fiori di ogni colore, e due fonti che zampillano sempre. Non troverai nessun altro giardino cosí bello al mondo.

E nessun altro edificio simile a quello. Le sue mura sono rivestite di bronzo, e ha porte dorate. Vedrai due cani d'oro ai lati della porta: un'opera meravigliosa, e non c'è bisogno di nient'altro per fare la guardia. Tu passa con cautela, ed entra veloce; non troverai nessuno per strada, questo lo prevedo. In ogni caso non fermarti, vai diritto per la tua via. I Feaci non amano facce nuove, qualcuno potrebbe fermarti, magari anche insolentirti. Ma non succederà, sono sicura. Quando arriverai alla casa di Alcinoo entra con coraggio e gettati alle ginocchia della regina: perché ai coraggiosi sempre riesce meglio quello che fanno.

Ulisse guardò verso la città, e le navi dalla chiglia rossa, poi si voltò ma la ragazza non c'era piú, come fosse stata assorbita dall'aria.

«Quando quell'uomo è entrato nella sala mi è sembrato uno dei miei figli, ho riconosciuto la tunica che avevo tessuto io stessa, quella con i bordi ricamati.

Ma non poteva esserlo: aveva qualche filo bianco tra i capelli. Non ho avuto tempo di osservarlo bene: però, in quell'istante, come spinto dal suo stesso movimento è corso a gettarsi ai miei piedi e tutti hanno taciuto stupefatti.

Si è rivolto a me con tutti i riguardi che si devono a una regina. Mi ha detto di avere sofferto molto e ha agurato che gli dèi concedano felicità a me, al mio sposo e a tutta la nostra gente. Ha implorato per ottenere una scorta con cui tornare alla propria terra. Nessuno si è mosso, ma io ho sentito un'improvvisa pietà per lui, forse qualche dio me l'ha ispirata nel cuore. Non mi ha toccata, sapeva che questo sarebbe stato senza rispetto. Ha solo teso le braccia verso di me. Subito dopo è corso verso il focolare e si è accovacciato tra la cenere, e ci guardava. Non era lo sguardo di un accattone. Non era un uomo vile, un vagabondo dall'animo volgare, si capiva subito. Sapeva cosa deve fare un supplice: gesti che segnalano agli altri il proprio stato. Uomini che hanno sperimentato la sventura mandata dagli dèi sanno come aiutare gli infelici e come chiedere aiuto quando occorre. Aveva parlato con voce calma, ma dagli occhi colavano lacrime.

Ho detto a mio marito: Alcinoo che cosa ti succede? Lasci un supplice tra la cenere come se fosse una cosa gettata via, e non lo fai alzare, non gli offri del cibo?

Gli abbiamo fatto portare della carne, del pane e del vino; mangiava, e intanto si scusava dicendo che era il ventre a costringerlo dopo tante pene. Mangiava avidamente come se volesse farci capire che era sfinito dai mali e gradiva la nostra ospitalità. Ma non sembrava a disagio, ogni tanto rivolgeva intorno il suo sguardo acuto, e notai che anche Nausicaa dietro di me lo fissava. Compresi: a una madre non sfugge il cuore dei figli.

Ora è qui vicino, e sembra uno di noi. Anche Alcinoo si è accorto che Nausicaa aveva qualcosa di acceso sul volto, si è chinato verso di me e mi ha sussurrato che quell'uomo avrebbe potuto essere un bravo marito per nostra figlia, anche se era straniero e piú anziano di lei. Ma non è la prima volta che uno straniero prende moglie in un popolo diverso; si è visto spesso che uomini non piú giovani sposino donne giovani. Sono saggi, portano con sé la ricchezza di una vita piena di eventi e di glorie. Gli uomini giovani non hanno affrontato tempeste nella vita.

Lui continuava a pregarci di essere riaccompagnato nella sua patria. Il nome non glielo abbiamo chiesto, non è buona cosa interrogare uno straniero subito, non è cortese. Meglio osservarlo per capire se è valente o dappoco. Poi è arrivato Demodoco. Perché anche questo si offre agli stranieri: non solo cibo e vivande, ma anche quanto di bello allieta la vita. E la musica è la cosa piú bella».

Il cantore reggeva la cetra provando qualche accordo. Fanno sempre cosí i cantori, prima di iniziare: cercano le storie nella loro memoria, vedono le immagini nella loro mente, poi cercano le parole e le parole, ecco, arrivano da sole. Dicono che non sono loro a trovarle, ma le Muse. Non si può bere una coppa se prima qualcuno non l'ha riempita, non si può raccontare se una forza divina piú grande di te non ti ha riempito di parole. Il cantore era Demodoco. A lui gli dèi avevano dato un bene e un male: gli avevano tolto la vista concedendogli però il dono del canto. Attorno i Feaci attendevano in silenzio, sapendo che il cantore avrebbe inventato storie sempre nuove, ripetendo racconti antichi. Li sapeva far piangere, ma a volte anche ridere: non c'è poesia se un aedo non sa trascinare con sé le anime, come una calamita attira i pezzi di ferro. Demodoco cominciò a cantare, una cantilena ritmata; la voce saliva riempiendo la stanza. Prima solo poche parole, sembrava cercarle nell'aria, poi fu come se iniziasse a volare, e le parole e le immagini uscirono scroscianti dalla sua bocca.

Raccontò una storia che tutti conoscevano, la storia di come Troia fu presa grazie a un cavallo di legno costruito da Ulisse. Raccontò le gesta degli eroi di quella guerra, di Achille, di Agamennone, di Ettore, e i Feaci lo ascoltavano con gli occhi accesi. Parevano vedere le parole di Demodoco. E nessuno si accorse che lo straniero stava piangendo, coprendosi il capo con il mantello, per poi toglierlo e un attimo dopo rimetterlo, e dai suoi occhi sgorgavano lacrime fitte. Solo Alcinoo se ne rese conto. Non è raro che sentendo le parole del cantore il pubblico pianga o si infuri o rida: questo ha da essere, una storia che non porta dentro di sé tali emozioni e non le trasmette a chi ascolta non serve a niente.

Però lo straniero piangeva e singhiozzava con troppo dolore, quasi che gli scavassero l'anima con un pugnale. Alcinoo allora interruppe Demodoco. – La tua storia addolora il nostro ospite. Forse ha perso un parente o un amico in quella guerra. Non ridestiamogli ricordi amari. Tu conosci molti racconti belli, raccontacene uno che ci rallegri tutti.

Demodoco smise dunque di cantare.

– Mio re, io sí conosco tante storie sugli dèi e sugli uomini. Se vuoi ora ne racconterò una che rallegra le anime. Anche gli dèi sono contenti quando si parla di loro e si ride con loro.

Demodoco sapeva che alla sera spesso l'anima è avvolta da una indicibile malinconia perché un altro giorno è passato e il cielo si sta spegnendo. Questa tristezza che svapora dal giorno che finisce e si alza come la nebbia sul mare e penetra nelle anime l'aedo è in grado di intuirla, perché fa parte della sua arte indovinare che cosa passa nell'anima di chi lo ascolta. E allora, sempre accompagnandosi alla cetra, raccontò un'altra storia che conosceva, di come lo zoppo Efesto, rifiutato dalla madre Era perché troppo brutto, aveva con l'inganno ottenuto la mano di Afrodite, la piú bella tra tutti gli dèi, ma lei lo tradí. Una storia buffa; ascoltandola Ulisse si rallegrò dimenticando le sue pene, cosí fecero anche Alcinoo e tutti gli altri Feaci. Gli uomini possono anche ridere degli dèi e il rispetto non viene meno. Perché il riso dovrebbe essere meno sacro del pianto? Attribuire agli dèi anche ciò che rende bella la vita, e non soltanto la paura o la maestà, non diminuisce, ma al contrario dilata la loro grandezza: quale spirito, se non meschino, potrebbe pensare che accanto al sangue e ai rivolgimenti che diedero forma al mondo nel tempo delle origini non vi fossero anche la gioia e il riso? Il ciclo sacro comprende l'alto e il basso, il terribilmente serio e il burlesco, che per questo diviene anch'esso sublime. Gli dèi non amano la tristezza: perché dovrebbero governare il mondo nell'afflizione? Persino la beffa è un tributo che gli si offre.

Accompagnata dal canto venne cosí la notte. Arete ordinò che si preparasse per lo straniero un morbido letto in un angolo del portico e poi salí nella sua stanza insieme allo sposo, mentre gli altri Feaci tornarono alle loro case e furono spente le torce.

La notte e il silenzio riempirono la sala. Attorno solo qualche barbaglio di luna scivolava sulle foglie argentate d'ulivo e il fruscio del vento faceva ondeggiare i rami, dolcemente.

«Lo straniero mi è passato accanto mentre ero appoggiata alla colonna. A bassa voce gli ho augurato di essere felice e gli ho detto di non scordarsi di me una volta tornato in patria, perché ero stata io a salvarlo quando era un naufrago disperato nascosto in un canneto. Lui ha detto che mai si sarebbe potuto dimenticare di me e che mi avrebbe pensata ogni giorno per sempre. Speravo che dicesse altro, ma non lo disse.

È uscito dalla reggia scomparendo dalla mia vita. Ora so chi è quell'uomo, e so che non poteva fermarsi qui tra noi Feaci per starmi accanto. La sua vita è piena di storie meravigliose, la mia è piccola, non vedrò altro che quest'isola e gli ulivi che scintillano sotto le mura; l'alito del vento e la forza delle onde nel mare aperto non li conoscerò mai.

La mattina dopo il suo arrivo mio padre lo ha presentato all'assemblea del popolo ottenendo per lui una nave che lo riportasse in patria. Cosí facciamo sempre noi con gli stranieri che lo chiedono, perché sappiamo che in questo modo gli dèi ci proteggono. Mai nessun nemico è sbarcato nella nostra isola, siamo in pace da molte generazioni. Scelsero una nave appena costruita, mai usata prima, e cinquantadue uomini che la conducessero remando; di timonieri non abbiamo bisogno, perché le nostre navi trovano la rotta da sole.

L'ho visto piú tardi, seduto in mezzo agli uomini,

mentre assisteva ai giochi atletici: cosí mio padre voleva onorare lo straniero, organizzando gare per lui. Ma in questo modo voleva anche che lo straniero diffondesse nella sua patria la notizia di quanto erano forti e agili i Feaci. I piú giovani e forti della nostra gente hanno partecipato alle gare; uno di loro, mio cugino Eurialo, si è avvicinato allo straniero invitandolo a gareggiare. Non era una cosa conveniente, l'ho subito capito anch'io: le gare sono per i giovani e lo straniero aveva l'età di mio padre, e quell'invito suonava un po' beffardo. Lui ha rifiutato garbatamente, ma Eurialo è superbo, e gli dèi gli hanno fatto scegliere parole che non avrebbe dovuto usare; parole sprezzanti. L'ha schernito dicendogli che si vedeva bene che non aveva l'aspetto dell'atleta e non era esperto di gare; che sembrava uno che va per mare e si occupa di merci e di scambi.

Lo straniero si è alzato rispondendogli con noncuranza che non a tutti gli dèi fanno gli stessi doni. E malgrado lui fosse giovane e forte evidentemente non era stato omaggiato con il senno. Dopo è andato verso il posto dove stavano ammucchiati i dischi di pietra e si è sfilato il mantello. Sembrava molto piú grande e piú forte di come l'avevamo visto. Ha afferrato il disco piú pesante, facendolo roteare come se tra le mani tenesse un bastoncino, e si capiva che aveva pratica di quello sport, poi l'ha scagliato nel cielo e fischiando e attraversando l'aria come una freccia è andato a cadere molto oltre il segno del primo. Ho notato ancora quanto erano possenti le sue spalle e forti le gambe. Sí, era ben diverso da quel naufrago incrostato di sale che avevo visto comparire dietro il canneto. Pareva che da lui in certi momenti zampillasse una forza prodigiosa, che subito dopo nascondeva. Tutti sono rimasti senza fiato.

Lo straniero si è voltato verso Eurialo pronunciando lui questa volta parole beffarde, dicendo di non aver mai visto mercanti fare un tiro del genere e sfidandolo in qualsiasi disciplina a eccezione della corsa nella quale la gioventú avrebbe avuto la meglio: pugilato, lotta, tiro all'arco. Nel tiro con l'arco in particolare in pochi l'avrebbero superato; sarebbe stato capace di colpire esattamente in fronte un uomo in mezzo alla folla. Quando combatteva a Troia solo Filottete lo superava, ma lui aveva l'arco di Eracle.

Alcinoo cosí ha dovuto rimproverare Eurialo per la sua scortesia; mio cugino aveva detto una frase avventata ma non era sciocco né arrogante. Si è scusato e ha regalato allo straniero il suo pugnale con l'elsa d'argento. Lo straniero gli ha sorriso accettando le scuse e augurandosi che le parole di troppo potessero essere portate via dai venti.

Cosí è passato tutto il giorno, e quando il cerchio del sole ha cominciato a farsi rosso e scendere nel mare, ci siamo ritrovati ancora nella reggia. C'erano tutti i capi dei Feaci, molti di piú della sera prima. Quella forse sarebbe stata l'ultima notte dello straniero sulla nostra isola, e il pensiero mi rattristava.

A fine del banchetto è arrivato ancora il cantore cieco. Ormai era notte, e i visi delle persone nella sala erano scolpiti dalle luci e dalle ombre delle torce la cui fiamma ondeggiava lievemente scrollandosi alla brezza che filtrava dalle finestre. C'era un'atmosfera diversa rispetto alla sera precedente, come di attesa. Ormai era arrivato il momento di sapere chi mai fosse quell'uomo cosí strano che si era introdotto tra noi. Demodoco ha iniziato a raccontare la storia che da anni circolava per il mondo. La guerra di Troia, in cui avevano combattuto ed erano morti gli eroi piú gloriosi. Ha raccontato l'inganno del cavallo, di come Ulisse aveva fatto entrare nella pancia di legno i migliori guerrieri, e a notte erano scivolati giú; di come Ulisse e Menelao erano andati subito a cercare il palazzo di Priamo, e la stanza dove ora Elena dormiva insieme a Deífobo, dopo che Paride era stato ucciso.

Raccontava, e lo straniero piangeva, e non riusciva a calmarsi. Singhiozzava cosí forte che Demodoco si è dovuto interrompere. Tutti si sono voltati verso di lui. Era chiaro che quell'uomo aveva una piaga nel cuore, qualcosa che gli lacerava l'anima. Mio padre ha parlato rompendo il silenzio che aveva avvolto la grande sala. Gli ha chiesto di dirci perché piangeva in quel modo. E di dirci anche il suo nome, in modo che lo sapessero tutti i Feaci. Nessuno è senza nome, né il prode né il miserabile, perché nascendo i genitori lo danno subito ai loro figli, e sempre ci accompagna.

Chi era, da dove veniva? Cosa aveva a che vedere con quella guerra? L'avremmo riaccompagnato in patria offrendogli doni ospitali, in modo che potesse ricambiare il giorno in cui qualcuno di noi sarebbe stato suo ospite. La nave era pronta, ma non sapevamo dove portarlo. In quale terra?

Tutti aspettavano che parlasse e lo guardavano; ma quello che stava per dire nessuno se lo sarebbe immaginato».

Diéghesis

Un uomo, un racconto

Le navi in secco mostravano le loro carene disegnando ombre e forme strane sulla sabbia rossa del tramonto. Ne mancava una; già da molte ore la sua vela era scesa oltre l'orizzonte portando con sé lo straniero insieme ai doni che gli erano stati offerti. La città dei Feaci si preparava a un'altra notte, ma non ci sarebbero piú state storie meravigliose a tenere svegli i convitati nella casa di Alcinoo. Nessun banchetto, il mondo separato dei Feaci aveva ripreso il suo ritmo onirico.

Per molti giorni prima di quello in cui lo straniero era partito i Feaci avevano atteso soltanto che arrivasse il tramonto per radunarsi nel palazzo del re, dove l'uomo raccontava le sue storie sino a notte fonda. Non avevano mai sentito nessuno parlare come lui, interi mondi si aprivano davanti ai loro occhi, incredibili, veri, falsi, non importa, scivolavano via come le nubi s'inseguono traslucide nel cielo. Davanti ai loro sguardi passavano mostri, dee, maghe, paesi e popoli di cui nessuno aveva mai saputo nulla. Tutti attorno allo stesso mare, ma cosí diversi, imprevedibili. Eppure esistevano. O forse erano solo racconti, ma che importava? Troia era caduta per l'astuzia di quell'uomo che stava insieme a loro, questo era vero, lo dicevano tutti. Ma molto meglio che ascoltare i racconti del cantore era sentire le parole dello straniero; e vederlo mentre parlava e si guardava intorno con i suoi occhi acuminati come una spada. Nessuno fiatava, le loro menti erano prese in una rete. Le parole uscivano dalla bocca dello straniero come da una cascata; sapeva raccontare, sapeva alternare i silenzi con le parole e la sua voce era bellissima.

– Alcinoo, re della tua gente, io ti dico che non c'è un momento piú bello al mondo di questo, quando gli amici siedono insieme e le mense sono piene di cibo e ognuno beve dal cratere comune mentre un cantore ti rallegra con le sue storie, e le menti sono liete, e non c'è guerra né discordia. Troppi anni sono passati dall'ultima volta che ricordo un momento cosí. La mia vita è un seguito di avventure terribili e tristi, ho veduto troppe sventure per una vita sola. Ho visto la guerra e i nemici che si gettano contro di te per ucciderti, e hai paura ma devi soffocarla perché questo è il coraggio.

Troia è stata espugnata. Ma non è bello ricordare quel che è successo. Per dieci anni abbiamo aspettato davanti a quelle mura che non si potevano né scalare né rompere. Ne eravamo ossessionati, e a me sembrava di conoscere una per una ogni pietra. Quando ci accostavamo troppo, il rischio era di essere colpiti da una freccia; perciò dovevamo guardarle da lontano, come un animale guarda una preda che sa di non poter raggiungere. A volte sognavo di scalarle, un sasso dopo l'altro, e non finivano mai, sinché mi svegliavo. Ma quando uno vede da dentro cos'è una città conquistata, una città cosí grande e piena di gente che viene sgozzata, le case bruciate, quando sei nelle viscere della città che vengono dilaniate, allora ti pare di essere in mezzo a un mattatoio. Che non tocchi mai a voi, Feaci, di subire questo!

Ti dirò chi sono. La mia terra è un'isola, aspra, pietrosa. C'è un monte e un bosco, e lí andavo a cacciare insieme al mio cane; era il migliore di tutti nello scovare le prede e la sera si accucciava accanto a me vicino alla mensa, non si allontanava mai dai miei passi. Non cresce molto grano nella mia terra, ma viti e ulivi sí; siamo bravi marinai, gente gagliarda. Abbiamo pecore e capre in abbondanza, buoi e maiali; non manca di cibo, la mia isola, ma ce lo conquistiamo col nostro lavoro. Accanto ci sono altre isole, Dulichio, Same, verso l'occidente e l'ombra, la mia è l'ultima, la piú chiara nel sole dell'alba. Itaca si chiama, e io sono il suo re: Ulisse, figlio di Laerte, sí, l'uomo di cui prima l'aedo cantava le imprese. Quello che avvenne a Troia tutti lo sanno, ma nessun uomo prima di voi sa quello che ho visto e patito sulle strade del mare. Lo sanno le dee, Circe e Calypso. Ma gli dèi conoscono tutto, anche quello che deve avvenire.

Queste storie potevano morire con me, se due giorni fa mi fossi lasciato scivolare in fondo al mare come pensavo di fare, perché mi sembrava impossibile che un essere umano potesse sopravvivere tra quelle spume inferocite, e dopo un'onda ne arrivava un'altra, ancora piú cattiva. Sul mare succede che in un attimo si passi dalla vita alla morte. Un momento di panico, sei perduto. Ma io ho imparato a vincere la paura, troppe cose terribili ho visto e subito, e gli dèi mi hanno dato un cuore paziente. Ero solo: i miei compagni sono morti tanti anni fa, i loro corpi si sono disfatti tra la sabbia del fondo, o i pesci li avranno rosi. Navigavo su una zattera che avevo costruito con l'aiuto di Calypso, la dea, e ormai sembrava che la terra fosse vicina, ma anche questa volta qualcosa mi impediva di raggiungerla.

Cosí era sempre accaduto, da quando avevamo lasciato Troia. Qualcosa ci spingeva lontano dalla nostra isola come una maledizione. È la stessa sensazione che si prova in sogno: ti sembra di poter raggiungere una persona o aprire una porta, ma non la raggiungi mai, non si apre mai. Capivo che il destino mi era contrario e gli dèi mi volevano colpire; avevo la sensazione che qualcosa di cattivo e forte fosse sopra di me. L'ira di Poseidone mi perseguitava. Ma soprattutto mi angosciava non avvertire accanto a me la presenza della dea che mi ha sempre protetto, Atena. Me la sentivo vicina, a Troia; talvolta era come se mi sussurrasse parole all'orecchio. Da allora non l'ho piú sentita. È terribile capire di essere stati ripudiati e non saperne il motivo.

A volte, mi pareva di essere vicino a Itaca, anzi di avere il suo odore nelle narici, misto agli spruzzi del mare. Riconoscevo i promontori che avevo già visto navigando verso Troia e pensavo che ormai mancavano poche ore, che mi bastava raggiungere l'isola che si disegnava all'orizzonte e di lí avrei visto il monte della mia Itaca. Ma ogni volta era come se una mano invisibile, il vento o le correnti ci spingessero via.

Il momento piú angoscioso fu un mattino, lo ricordo ancora. Fu prima che la flotta fosse distrutta dai Lestrigoni. Dodici navi striavano il mare, una dietro l'altra con ordine, e le prue si sollevavano e si abbassavano al ritmo delle onde; a volte il vento calava e allora mettevamo mano ai remi. A volte rinforzava e issavamo le vele. Ci eravamo perduti, lontani dalla rotta, le tempeste ci avevano trascinati in acque ignote.

Un giorno vedemmo un'isola in lontananza, a forma di cono, con una costa scoscesa e nuda, e un pennacchio di fumo si alzava sopra di essa. Un piccolo vulcano. Avevamo bisogno di fare provvista d'acqua, cosí ci avvicinammo. Sulle falde del vulcano vedemmo luccicare un palazzo, tutto di bronzo. Nessun uomo può possedere una dimora simile e certo il padrone era un essere divino. Quando la flotta attraccò, sbarcai assieme all'araldo, mentre i compagni rimanevano timorosi vicino alle navi. Poco discosto ci stava guardando un essere che sembrava umano, ma aveva un viso obliquo, come contraffatto. Ma pareva ospitale. Era Macaréo, il figlio di Eolo e regnava su quell'isola. Eolo ha avuto sei figli e sei figlie, un numero perfetto.

Ci condusse verso il palazzo di bronzo per un sentiero scosceso. Attorno alcune capre ci guardavano, indifferenti. Ognuno dei figli dormiva con sua sorella, ci disse Macaréo, ciascuno nella sua stanza di bronzo; sei coppie. Di giorno invece si radunavano nella sala comune e banchettavano tutti insieme ai loro genitori.

Di molti popoli ho visto i costumi, ma nessuno mai praticava questo uso, di dormire con la sorella. Non c'erano altri abitanti sull'isola. Volevano starsene in pace fratelli e sorelle; senza armi e senza paura. Del resto anche se qualcuno con cattive intenzioni si fosse avvicinato sarebbe bastato un soffio. Eolo è il signore dei venti e ogni refolo d'aria che spira al mondo viene da lí. I venti li cattura con otri di pelle di capra, li usa come trappole. Li chiude lí dentro, oppure slega i lacci degli otri e li lascia andare. E quando escono sibilano arrabbiati per la prigionia, un rumore assordante, anche se dura un attimo. Eolo conosce le parole segrete per farli entrare negli otri, e sono obbligati a farlo, obbedienti come agnellini. Ogni vento si agita e si dimena dentro l'otre, e vorrebbe uscire ma se uscissero tutti insieme non ci sarebbe niente sulla terra a rimanere fermo, volerebbero persino le case, e ci troveremmo senza un capello in testa... via tutti, dispersi nel vento... e anche noi, in aria, in mezzo al cielo!

Sciocchi e pazzi, Alcinoo, ne ho conosciuti tanti nella mia vita. Ma quando il giovane mi raccontò queste cose pensai che fosse di una pazzia bizzarra, come se rendesse reali le fantasie infantili; ma cambiai idea subito dopo, quando entrammo nella dimora di Eolo.

Era tutta di bronzo, le finestre si aprivano circolari nelle pareti e dentro tutto era di pietra, sedili, tavoli, solo le coppe del vino e le ciotole erano d'oro massiccio. Eolo sedeva sopra un alto trono e accanto gli stava la sposa; attorno a un tavolo, i figli e le figlie, che sembravano identici come le figure riflesse da uno specchio. Fu gentile e ospitale con me. Il nome lo conosceva, e anche le imprese compiute dagli eroi sotto Troia. I venti portano con sé tutte le voci e le notizie, sono i messaggeri piú veloci. Volle che sedessimo con loro, io e l'araldo. Anche Eolo aveva un aspetto fuori dal comune, come se una vita passata a caccia di correnti l'avesse dilatato: occhi sporgenti sgranati, un grande ventre, capigliatura acconciata a formare una specie di cimiero di capelli.

Volle che raccontassi le mie imprese e le storie della guerra; a volte le faceva ripetere, capivo che ne ricavava un grande piacere a immaginare tanti uomini e tante cose accadute per tanto tempo, lui che viveva recluso su questo piccolo vulcano solo insieme alla sua famiglia. Le nostre storie gli accendevano la fantasia.

Per un mese intero mi fermai da lui e ogni giorno banchettavamo e bevevamo. I compagni erano rimasti alle navi, non c'era spazio per tutti dentro la reggia. Riposavano, riadattavano le navi. Ma anche a loro Eolo mandava vino e carni.

Raccontai sinché fu sazio di parole. Allora lo pregai di aiutarci inviando un vento buono che ci portasse a casa. Non lo negò. Il giorno della partenza vidi un enorme otre di pelle di bue chiuso con una catenella d'argento in cui aveva raccolto i venti contrari. Mi disse di avere liberato Zefiro, che mi avrebbe soffiato nelle vele fino a casa. Non avrei però dovuto aprire l'otre se non quando non fossi giunto a Itaca, ormeggiando bene la nave, e aprendolo da terra in direzione del mare aperto, altrimenti si sarebbe scatenata una tempesta come non avevo mai visto.

Mi congedò, e il mio cuore era pieno di gioia. Li avrei riportati a casa, infine, i miei compagni! E tutto per i miei racconti. Oh sí, Alcinoo, niente è piú forte della parola. Sembra che non esista, che sia un soffio d'aria, anzi che non abbia nemmeno un corpo; eppure con questo corpo quasi inesistente è capace di realizzare le imprese piú grandi: provoca una guerra, la fa cessare, convince una persona a comportarsi in un certo modo, avvicina due cuori che si amano e non lo sanno ancora, produce il piacere del canto che ti ammalia piú di un filtro. È il dono piú bello che gli dèi abbiano fatto ai mortali. Allora scesi sulla nave con il grande otre, portato da due compagni. Erano incuriositi, ma io non dissi nulla a nessuno, come mi aveva raccomandato Eolo. Fui imprudente, ora lo so.

Ma ero fiducioso nel dono che quell'essere – metà uomo e metà dio – ci aveva fatto.

Salpammo. Il vento ci prese a poppa e soffiò ininterrottamente per nove giorni e nove notti. Non avemmo mai bisogno di mettere in mare i remi. Io stavo al timone, e non lo cedetti a nessuno. Non volevo che qualcuno sbagliasse rotta. Sentivo l'acqua gorgogliare e frusciare sotto la chiglia, il momento piú bello di quando si naviga; il mare era spianato, la brezza costante, non avevo mai visto le nostre navi correre piú veloci. Anche i compagni erano allegri, ora, cantavano, scherzavano. Ogni tanto il mio capo si piegava nel sonno, ma subito mi riscuotevo. Finalmente, dopo nove giorni, Itaca ci apparve all'orizzonte. Era proprio lei, non c'era dubbio, si vedeva la sagoma della sua montagna. Il mare era azzurrissimo, i delfini giocavano saltando davanti alle nostre prue.

Mi sentivo a casa; in lontananza si vedevano le case bianche della mia città. Lí davanti a me stavano Penelope e Telemaco, ancora poche ore, un breve tratto di mare mi separava da loro; avevo percorso tante volte quella rotta, dritto alla prua c'era il porto, e il vento soffiava ancora, me lo sentivo scivolare sulle spalle. Il cuore mi batteva all'impazzata di gioia, quello fu uno dei momenti piú felici della mia vita. D'un tratto, la testa mi divenne pesante, le palpebre si chiudevano. Lottai col sonno qualche istante e infine mi addormentai, sempre reggendo il timone: l'avevo legato, non potevo perdere la rotta.

Mi svegliò un sibilo terrificante. Per la nave volava ogni cosa e le onde si erano alzate d'improvviso, a mulinello. Guardai ai miei piedi: l'otre di Eolo era vuoto! I venti ci giravano intorno infuriati e dovemmo ammainare le vele. I pennoni si spezzavano, non si potevano mettere in mare i remi perché era impossibile vogare. I venti e le correnti ci stavano portando al largo; non potete nemmeno immaginare che cosa provai allora, come se mi avessero pugnalato in mezzo al petto. Con gli occhi pieni di lacrime vidi sparire a poco a poco il mio caro monte di Itaca dietro l'orizzonte. L'aria era chiarissima, pulita dai venti. Per un attimo pensai di gettarmi in mare e morire lí, almeno in vista della mia isola, tanto grande era la sofferenza per questa beffa assurda del destino. Itaca era davanti a noi e sarebbero bastate poche ore. Perché gli dèi mi avevano versato addosso il sonno? Perché avevano gettato nella mente dei miei compagni un pensiero folle? Lo capii subito, e me lo dissero anche loro. Erano curiosi di sapere che cosa contenesse l'otre. Si dicevano che io sarei tornato da Troia pieno di doni, e loro invece erano a mani vuote dopo tanto combattere. Chissà quanto oro e argento Eolo gli ha donato dentro quell'otre! Perché a Ulisse finiscono tutti i doni, e a noi niente?

Cosí si dicevano, mentre ero addormentato, e vollero sciogliere la catena d'argento che legava l'otre, gli sciocchi. E li avevo quasi riportati a casa! Mi avvolsi il capo nel mantello e me ne stetti lí. Non volevo che i miei compagni mi vedessero disperato. Anche loro piangevano, però, e mi circondavano chiedendo perdono. Alcuni mi facevano scivolare i loro pugnali sotto il mantello e gridavano di ucciderli. Amici miei, pensavo, perché vi siete rovinati cosí? Io volevo riportarvi a casa. Non parlai per altri nove giorni, sinché tornammo in vista del vulcano di Eolo.

Forse, ci avrebbe concesso un'altra possibilità. Ma

non fu cosí. Interpretò quello che era accaduto come un segno dello sfavore degli dèi e ci cacciò via. Avevo paura che lui e i suoi figli mi avrebbero scatenato contro qualche vento devastante. Invece non accadde. Nessun vento, bonaccia completa. Ci mettemmo ai remi vogando con tutte le nostre forze e allontanandoci dall'isola.

Quella, Alcinoo, credimi, fu la mia sofferenza piú grande: sapere di essere arrivato e per uno scherzo del caso e la stoltezza di altri essere risospinto nel mare. È vero, un dio ci stava perseguitando.

«Una maga, una dea. Mostri. Le Sirene col loro canto. Cose vere, cose false, chissà! Ogni sera raccontava sino a tarda notte. Io lo ascoltavo seduta accanto ai miei genitori e ai miei fratelli, lo fissavo e qualche volta pareva che i suoi occhi scuri mi cercassero con maggiore frequenza. Speravo che quei racconti non finissero mai, però sapevo che un giorno o l'altro lo straniero avrebbe terminato di narrare la sua storia e sarebbe partito.

Mio padre Alcinoo aveva proposto che ognuno dei nobili portasse un dono per Ulisse: avrebbero potuto dire, un giorno, di averlo ospitato e di averlo onorato! Cosí cominciarono ad arrivare tripodi di bronzo, vasi d'argento, vesti. Si accumulavano in un angolo della sala, ogni notte ne arrivava qualcuno. Oh, sarebbe tornato ricco a Itaca. Chissà se avrebbe trovato ancora sua moglie, suo figlio. Chissà se l'avremmo mai rivisto, un giorno.

Una sera raccontò come aveva incontrato la cosa piú ignota e terrificante. Nessuno mai era entrato e uscito dal regno dei morti: lui sí. Circe l'aveva indirizzato in quella terra e gli aveva spiegato come arrivarci. Nessuno sapeva se fosse vero ma quando una cosa viene detta è come se un po' diventasse vera. Le parole infatti, quando le pronunci, non sono come le cose che vedi ma sono vere lo stesso in un modo tutto loro».

– Scavai una fossa con la spada e sgozzai gli animali; il sangue colava dentro la fossa, lentamente, ma non veniva assorbito dalla terra. Formava una pozzanghera e lo strano è che continuava a colare dalle vene degli animali sinché la pozzanghera divenne una specie di minuscolo laghetto. Lí dentro versai le offerte per i morti: vino, latte, farina. Non posso dirlo senza che i peli si rizzino ancora sul mio corpo e mi venga in mente l'orrore di quel momento. Sentii un vento freddo penetrarmi nel sangue e poi la nebbia che ci circondava divenne piú fitta, ci avvolse tutti e prese ad animarsi, sembrava che si dividesse in tante parti e ognuna assumeva la forma di un essere umano, una folla di figure fatte solo di nebbia e senza volto. Forme di donne, di bambini morti in tenera età, di uomini uccisi in guerra si disegnavano nelle folate di nebbia e poi di nuovo venivano riassorbite sul fondo di quel vapore. Tante, senza numero. Potevi infilarci le mani, Alcinoo, e attraversarla e smuoverla per un po', ma le figure si formavano nuovamente. Volevano bere il sangue, e io le tenevo alla larga agitando la spada e disperdendole, ma poi si riformavano.

In questa nebbia avanzò una figura piú scura e distinta che sembrava umana, un cieco con un bastone in mano. Non era un corpo, però: sembrava fatto di una materia buia. Capii che era Tiresia l'indovino.

Me lo aveva spiegato Circe: era l'unico a cui Persefone aveva consentito di conservare la sua saggezza anche tra i morti. Dovevo interrogarlo, mi aveva detto Circe, perché rivelasse che cosa mi attendeva. Tiresia si chinò sulla fossa e cominciò a trangugiare sangue a sorsate, ingordamente, e intanto pensavo: cosí capiterà anche a me un giorno, tra i morti?

Mentre beveva sangue mi parve che acquistasse un'altra consistenza e un altro colore, ma non quelli di un essere vivente. Gli occhi erano spenti e bianchi, quelli di un cieco. Tutta la vita aveva vissuto da cieco, eppure il suo sguardo poteva spingersi verso il futuro. Si rialzò dalla fossa, e aveva ancora la bocca sporca di sangue; mi parlò e predisse quello che mi attendeva, e tutto si compí, sino a questo momento; mi avvisò che avrei potuto tornare a casa solo se avessimo evitato di toccare le mandrie del Sole che pascolavano libere, ma i miei compagni, sciocchi, non mi diedero retta; disse che se fossi tornato a Itaca avrei dovuto ripartire e sbarcare sul continente di fronte. Avrei dovuto lasciare lí la nave, prendendomi sulle spalle un remo e camminare, camminare, sino a un luogo in cui non si aveva neppure nozione del mare. Quando avessi trovato un uomo che vedendomi mi avrebbe chiesto se quell'oggetto che portavo in spalla era un ventilabro per il grano, allora avrei dovuto fermarmi, piantare il remo su un tumulo di terra e fare un sacrificio a Poseidone, per placarlo definitivamente. Poi, sarei tornato a Itaca e da allora mi avrebbero aspettato molti anni sereni, prima di morire vecchio, per una morte che veniva dal mare. Cosí disse proprio: una morte venuta dal mare.

Se ne andò, dissolvendosi nella nebbia. E allora

vidi altre immagini avvicinarsi e tra quelle distinsi, non potevo sbagliarmi, il viso di mia madre. Provai una vertigine nel cuore; la lasciai accostare al sangue, anche lei bevve e riacquistò il suo aspetto ma non dimenticherò mai il momento in cui si rialzò dalla fossa con le labbra grondanti di sangue. Sembrava solo una forma, come un disegno di quelli che i pittori tracciano sulle pareti. Piangevo, singhiozzavo riconoscendola, e piangeva anche lei. Le chiesi come fosse morta e del destino di mia moglie e mio figlio. Mi disse che Penelope mi aspettava e Telemaco stava crescendo. E che mio padre si era ritirato nei campi, troppo gli pesava vedere la casa vuota senza di me. Viveva là, nel podere piú lontano con una vecchia serva, senza scendere mai in città. Lei invece era morta cosí, non per una malattia o perché le fosse calata addosso una sciagura improvvisa: si era consumata a poco a poco per la nostalgia, come una candela si spegne da sola alla fine del suo brillare.

Il mio cuore si riempí di dolore, e anche ora pensandoci le lacrime mi vengono agli occhi. Volli abbracciarla e mi gettai verso quella figura pallida che mi guardava e sembrava che solo i suoi occhi fossero vivi; volli abbracciarla, ma le mie braccia l'attraversarono come se fosse fatta di aria e me le trovai strette al petto. Tre volte tentai senza riuscirci. Quella è la sorte di chi muore: la carne si disfa, resta solo una bianca ombra senza forza, l'esistenza delle anime lí è un perenne dormiveglia, come quando ti ridesti per qualche istante dal sonno e poi cadi ancora preda dell'incoscienza.

«Ricordando l'incontro con la madre Ulisse si gettò ancora il mantello sul capo e lo sentimmo singhiozzare lí sotto, a lungo. Tutti eravamo raggelati e tristi nella sala, forse qualcuno piangeva. Anch'io sentii colare lacrime silenziose, pensando che quell'uomo era terribilmente solo, malgrado tutta la sua fama. Condannato a essere solo.

Poi si tolse il mantello e cominciò a parlare degli altri che aveva visto laggiú: le anime degli eroi antichi, e quelle dei suoi compagni, Achille, Agamennone, Aiace. Achille rimpiangeva la vita, e non volle che Ulisse lodasse la sua gloria. Avrebbe preferito vedere il sole ed essere il bracciante di un contadino povero piuttosto che regnare su tutte le anime morte. Un morto non è nulla, è un essere vuoto. Anche Agamennone piangeva e raccontò che al suo ritorno era stato pugnalato a tradimento dalla moglie Clitemnestra. Aiace tacque, ostinato come sempre era stato anche in vita, ancora corrucciato per le armi di Achille che non gli erano state assegnate, e non volle ascoltare le parole di Ulisse.

Narrò poi delle ombre di tanti altri, eroine ed eroi dei tempi passati. Tutti lo ascoltavano immobili e in silenzio, nella sala. Io mi guardavo le mani e pensavo: le posso ancora muovere, sono giovani, stringeranno un uomo, accarezzeranno un figlio. Ho ancora tanti anni prima di diventare uno di quei fantasmi. Quando terminò il suo racconto tutti si dispersero tornando alle loro case. La notte non sono riuscita a prendere sonno. Pensavo a Ulisse che cercava di abbracciare l'ombra di sua madre piangendo. Se gli fossi stata accanto avrei potuto dirgli qualche parola gentile. Quando infine mi sono addormentata ho sognato di raggiungerlo nell'angolo del portico, dove mia madre aveva fatto preparare il suo letto. Ma quando mi sono svegliata ero sola, mentre i primi raggi dell'alba filtravano nella mia stanza. Al calare del sole Ulisse avrebbe raccontato la sua ultima storia, lo sapevamo».

– Non so, Alcinoo, da dove vengano i pensieri. Forse è Atena che li regala, perché sono come un lampo che attraversa la mente. A Troia tutti mi chiamavano *polymétis* «l'uomo dai molti pensieri». Infatti cosí mi capita. È come quando si apre una porta ed entrano tante persone insieme. Cosí accade per i pensieri, non sei tu che li pensi, arrivano da soli, basta aspettare. E anche le parole: io non le cerco, mi vengono incontro loro. Arrivano e s'intrecciano, come una catena, non bisogna fare niente, basta aspettarle. Ci sono uomini che non sanno vedere insieme il prima e il poi, altri invece che sono capaci di farlo. Uomini che non sanno dire il proprio pensiero e altri che riescono a convincere. Io nella vita ho sempre visto che i primi perdono, i secondi vincono, se è destino che avvenga cosí. Un uomo non può sapere quale sorte lo aspetti e sempre dovrà chinare la testa, quando il suo momento arriva. Ma può cercare di dirigere le sue azioni e i suoi pensieri nel modo migliore, e forse avrà piú fortuna.

Il destino ti aspetta, ma certe volte sei tu ad andare a cercarlo. Come quella volta, prima che i Lestrigoni distruggessero la nostra flotta, in cui vedemmo a distanza una costa che ci era sembrata priva di pericoli. La luna era un piccolo taglio in mezzo al cielo nero quando senza aspettarcelo ci arenammo dolcemente su una spiaggia liscia e piatta; neppure la linea bianca delle onde l'aveva segnalata perché il mare era calmissimo. Al sorgere dell'alba ci accorgemmo che era un'isola piena di capre selvatiche, a centinaia, e nessuno le molestava. Crescevano alberi e il terreno era grasso, fertile, ma nessuno lo coltivava. Andammo a caccia di capre e ne abbattemmo molte con le frecce, poi le arrostimmo, banchettando per tutto il giorno; vino ancora ne avevamo. Facendo il giro dell'isola, vidi proprio davanti a noi una parete alta e scoscesa, bucata di caverne da cui usciva fumo. Un piccolo tratto di mare ci separava da lí. Sembrava placida ma era la terra dei Ciclopi. Sono grandi come picchi di rocce, selvaggi; non hanno leggi né assemblea, ciascuno vive per conto suo con la moglie e i figli. Ma io allora non lo sapevo. Vedevo il fumo salire e pensavo che in quel luogo vivevano degli esseri ignoti, e forse avremmo potuto conoscerli, ricevere doni ospitali. Forse erano creature divine. Cosí decisi di andare a esplorare con la mia nave, lasciando le altre ad attenderci. All'ultimo momento mi venne in mente di portare con me il grande otre di vino; certo Atena m'ispirò quest'idea, che fu la nostra salvezza.

Fu cosí che arrivammo a una grotta davanti alla quale cresceva un boschetto d'allori, e c'erano recinti per le pecore e le capre, e un muro di sassi. Feci attraccare la nave in una caletta in disparte e scesi insieme a dodici compagni, i migliori; due portavano sulle spalle l'otre agganciato a un palo: volevo offrirlo all'essere che avremmo incontrato nella grotta.

Ma quando arrivammo non c'era. La grotta era piena di formaggi e di latte cagliato; c'erano agnellini e capretti nei recinti, ciascuno ben diviso: da una parte i primi nati, dall'altra i lattanti. I miei compagni volevano fare razzia e portare agnelli e capretti alla nave, ma io mi opposi. Non siamo dei ladri. Ulisse non ruba formaggi come un mendicante! No, avremmo guardato in faccia quell'essere, uomo o dio che fosse, offrendogli i doni degli ospiti. Mi spingeva la brama di conoscere. Dopo però me ne pentii. Quando il sole volgeva al tramonto, vedemmo una fiumana di pecore e capre sciamare nella caverna, e dietro di loro il Ciclope. Per entrare dovette chinare il capo; solo il suo aspetto ci riempí di spavento. Era alto come una montagna, con un solo occhio scavato in mezzo alla fronte, vestito di pelli, a piedi nudi, con un enorme fascio di tronchi sulla schiena. Come fossero fuscelli li gettò in un angolo della grotta, poi, con una delicatezza che nessuno si sarebbe attesa da un essere cosí gigantesco, si mise a mungere pecore e capre, una per una, e spinse i lattonzoli sotto le madri. Quando ebbe finito si accorse di noi. Ci guardò e per la prima volta vidi quel suo enorme occhio, che aveva un'espressione incredibilmente maligna e crudele, e le vene rosse che ne percorrevano il bulbo larghe come un dito. Si chinò sopra di me. Una zaffata selvatica e fetida mi frustò il viso, come un colpo di vento; iniziò a parlare e la sua voce era assordante come il tuono. Chiese chi fossimo e cosa ci facessimo nella sua grotta. Era preoccupato che volessimo rubargli le greggi, che fossimo pirati.

Sappiamo che i Ciclopi discendono tutti da Poseidone, e hanno ereditato la sua forza. Talvolta si dice che gli dèi si tramutino in animali, ma sono animali divini, mentre questo essere, Polifemo era il suo nome, non aveva niente di divino; era solo bestia.

Gli dissi che eravamo Achei, che avevamo conquistato Troia sotto il comando del grande Agamennone, poi il mare e le correnti ci avevano spinto fuori rotta. Lo pregai umilmente di accoglierci come ospiti e di farci un dono, come si usa tra noi, di rispettare le leggi del grande Zeus che protegge i supplici e punisce chi li offende. Il gigante rise. Come tutti i Ciclopi non temeva gli dèi perché era molto piú forte di loro. Zeus! Chi è mai? Di lui certo non si sarebbe curato. Se avesse voluto risparmiarci la vita, non l'avrebbe certo fatto per rispetto a lui.

Mi chiese dove fosse ormeggiata la nostra nave, tendendomi un tranello; ma era troppo ingenuo per ingannarmi. Vidi che il suo schifoso occhio diventava ancora piú maligno e cattivo, quando pronunciava queste parole. Gli raccontai che era finita in mille pezzi sugli scogli. Non disse niente. Ma d'un tratto allungò le sue mani enormi e afferrò un mio compagno. Lo sbattè contro una roccia frantumandogli il capo, e poi si mise a mangiarlo, crudo, strappando da quel povero corpo un pezzo per volta. Rosicchiava le ossa, e noi sentivamo i suoi denti rompere nervi e tendini e succhiare il cervello e il midollo. Il sangue colava a terra e lui lo leccava, come fanno le bestie, e si succhiava le dita. Noi piangevamo e urlavamo d'orrore. Quello che era stato poco prima un nostro compagno – Leòde si chiamava – ora era niente, un miscuglio di ossa frantumate. Poi bevve ingordamente il latte e si sdraiò a dormire in mezzo alle pecore. Non si preoccupava di noi il Ciclope: aveva deciso che eravamo la sua riserva personale di carne, e pensava che fossimo poco piú che formiche, incomparabilmente piú deboli di lui. Non sapeva, lo sciocco, che a noi uomini gli dèi hanno donato il pensiero, ai Ciclopi solo la violenza.

Subito pensai di ucciderlo ma mi fermai, e fu meglio cosí. Tenevo in mano la spada affilata, che mi era servita tante volte a Troia combattendo e avevo il cuore pieno di rabbia. Il Ciclope era là, disteso sul suo giaciglio di paglia, vestito di pelli. Russava terribilmente. Era smisurato, brutto, puzzolente, il suo unico occhio chiuso sulla fronte bassa con i capelli luridi e incolti sparsi tutto intorno. Una bestia, nient'altro.

Avevo nascosto la spada, non volevo che la creatura, entrando, mi trovasse armato. Ora però era lí, ripugnante e indifeso, russava e ruttava schifosamente. Mi avvicinai a lui. Era immenso, ma io so dove si deve colpire perché la vita fugga via in un attimo. In mezzo al collo, dove passa la vena; e la vedevo pulsare. Non era possibile che fallissi il colpo. Ma ecco come avviene con i pensieri. Ucciderlo era il mio impulso e anche la cosa piú facile da fare. Ma poi? L'ingresso della caverna era sbarrato da un macigno enorme che non avremmo mai potuto spostare. Avremmo dovuto restare prigionieri lí, al chiuso, con quell'enorme corpo che imputridiva. Poi, non vedendolo, sarebbero arrivati gli altri Ciclopi e ci avrebbero presi, dilaniati.

La spada era alzata. Ma mi trattenni. Mi misi a pensare. L'unico che poteva spostare il masso era lui, Polifemo. Ma doveva essere messo in condizione di non nuocerci. Cosí mi arrivò il pensiero giusto, e forse fu Atena a suggerirmelo. Guardai i miei compagni verdi di terrore, alcuni avevano vomitato. Tremavano e piangevano, ma io no. Pensavo, e dietro di loro vidi il grande otre di cuoio che avevamo portato dalla nave. Conteneva un vino dolcissimo e fortissimo che mi aveva donato Marone, il sacerdote di Apollo, quando conquistammo Ismàro e gli risparmiammo la vita. Il vino toglie il senno, se uno si ubriaca, e questo era il vino piú forte e insidioso che esistesse al mondo: bisognava diluire una coppa in venti misure di acqua, e già dopo la seconda un uomo sentiva vacillargli la mente. Sí, quella era la via, l'unica speranza che potevamo avere. Era difficile, ma forse gli dèi ci avrebbero aiutato. Spiegai il mio piano ai compagni e il giorno dopo lo avremmo realizzato. Però prima bisognava che il mostro fosse incosciente, abbrutito dal vino, e non si svegliasse per il rumore che avremmo fatto.

Cosí mentre la bestia era fuori il giorno seguente, e noi lí prigionieri nella grotta, nascondemmo sotto il letame un palo d'ulivo aguzzo, lo avevamo intagliato con le nostre spade. Sí, gli dèi ci stavano aiutando. Era un essere stupido e goffo, Polifemo, poco piú di un animale. Quando mi feci davanti a lui, che aveva appena finito di rosicchiare un altro compagno, porgendogli il vino di Marone in un piccolo mastello che avevamo trovato nella grotta, il mio viso aveva assunto un'espressione mite e timida, come di un poveraccio che supplica e trema.

Mi guardò sospettoso, ma l'aroma che usciva dal mastello lo ingolosí. Come un topo preso nella trappola è ingolosito dal formaggio. Mi tolse di mano il mastello, annusò. Poi tracannò d'un fiato il vino, e gli piacque. Non sospettava che da un omuncolo come me sarebbe giunto qualcosa di buono. Anche i Ciclopi conoscono il vino e le loro viti si gonfiano di grappoli, ma non aveva mai bevuto un vino cosí forte. Gli sembrò ambrosia o nettare e ne chiese ancora; cosí come chiese il mio nome per potermi fare un dono ospitale.

Versai dall'otre un altro mastello e poi un altro e un altro ancora, sinché fu vuota. Il Ciclope beveva, a sorsate, e a ogni mastello il suo occhio si faceva piú rosso e acceso. Iniziò a cantare qualcosa con la sua vociaccia stonata, e ogni tanto piroettava su se stesso e provava qualche passo di danza. Ridicolo, se non fosse stato terrificante e orribile. Farfugliava, voleva ancora sapere il mio nome per farmi un dono. Quando capii che era completamente in balia del vino, gli parlai.

E gli dissi il mio nome. E qui, vedi Alcinoo, come ti dicevo, gli dèi mandano le idee come un fulmine, e un istante prima non le pensavi. Perché avrei dovuto dire al mostro il mio vero nome? Dissi di chiamarmi Nessuno, che cosí mi avevano chiamato mio padre e mia madre quando nacqui. Nessuno. E cosí mi chiamano i compagni e i fratelli. Nessuno. Aspettava il momento di dirmi la sua facezia, la bestia, ma io gli avevo letto nel cuore. E sapevo quale dono mi avrebbe offerto. Mi avrebbe mangiato per ultimo. Me lo fece sapere ridendo e dicendo che tutti noi avremmo dovuto essere contenti di finire nella pancia di un dio, perché suo padre Poseidone a lui ha donato la forza, e non a noi, animaletti da pasto! Rideva, e intanto rigurgitava vino. Fece un'altra piroetta e poi un'altra con le sue gambone goffe. Ballava a passi pesanti, battendo il pavimento della caverna coi suoi piedi enormi e callosi, cantava sguaiatamente e spesso non riusciva a finire le parole, ogni tanto imitava il suono del flauto portandosi le mani alla bocca. Guardavo il suo occhio stralunato che aveva perso la luce crudele; sembrava felice. Dieci Ciclopi, non uno, avrebbe stroncato quel vino! E lui lo aveva tutto in corpo. Si appoggiò alle pareti della caverna con le mani, per reggersi in piedi. Ma subito crollò lungo disteso, con un rimbombo, e si mise a russare. Dalla gola gli sgorgavano vino e pezzi di carne umana, ruttava, il suo giaciglio era pieno di lordura. Eccolo lí, il dio! E ora era nelle nostre mani.

Sfilammo da sotto il letame il palo aguzzo e spingemmo la punta nella brace, finché fu incandescente. Allora io lo afferrai vicino alla cima e i miei compagni mi aiutavano a portarlo. Ci avvicinammo al Ciclope. Aveva la testa piegata su un lato, ma anche se fossimo passati sul suo corpo non avrebbe sentito, tanto era ubriaco. Non potevo mancarlo, il suo occhio enorme era un bersaglio perfetto. Prendemmo lo slancio e di corsa ci avventammo su di lui; diressi la punta proprio al centro dell'occhio, e quella, affilata come una lancia, affondò dentro la pupilla. Ci mettemmo a girare il tronco come un trapano, o come fa il vasaio col tornio, in modo da scavare bene, e la punta dentro sfrigolava bruciando l'occhio sino alle radici. Sfrigolava, sí, come quando si getta un pezzo di carne sopra la brace ardente o il fabbro tuffa nell'acqua, per temprarla, una spada arroventata.

Non sentirete mai, amici, qualcosa di simile all'urlo del Ciclope. Si alzò di scatto, e aveva ancora il palo conficcato nell'occhio; lo strappò, e dall'orbita bruciata cadevano sangue e pezzi di pupilla, mentre lui urlava, urlava. Noi ci disperdemmo per la grotta, nascondendoci. Intanto Polifemo gridava che Nessuno, maledetto, l'omiciattolo l'aveva ingannato!

Urlò e urlò, e a un tratto fuori dalla grotta si sentí la voce di un altro Ciclope che voleva sapere perché gridasse e se qualcuno gli stesse facendo del male. I Ciclopi poco si curano l'uno dell'altro. Quello che era venuto lo aveva fatto perché le urla di Polifemo non lo facevano dormire, non certo perché volesse davvero aiutarlo. E Polifemo rispose che Nessuno lo stava uccidendo, che Nessuno gli stava facendo del male. Allora l'altro lo invitò a non disturbare i sonni dei suoi vicini per nulla, e a pregare suo padre Poseidone affinché lo soccorresse, perché ai mali che arrivano dagli dèi non c'è riparo.

Sentii i suoi passi pesanti che si allontanavano e facevano tremare le pareti della caverna. Gli dèi ci avevano protetto, un'altra volta, e anche la stoltezza del Ciclope ci aveva favoriti. Se poi quel Ciclope fosse entrato a vedere sollevando il macigno, allora eravamo pronti a scappare fuori approfittando della sua sorpresa. Qualcuno si sarebbe salvato. Ma non ce ne fu bisogno. Intanto io ridevo tra me, perché la mia astuzia aveva ingannato il mostro.

Polifemo gemeva e cercava di medicarsi l'occhio con del latte cagliato. Quando l'alba si appressò, le greggi cominciarono a belare per uscire al pascolo. Polifemo non ebbe cuore di tenerle lí dentro: pareva che i suoi soli sentimenti fossero per le sue bestie.

Scostò il masso, si mise a gambe larghe davanti alla grotta; tastava il dorso di ogni animale per vedere se noi fossimo lí sopra. Stupido, un'altra volta. Quando lo vidi fare questo radunai gli animali a tre a tre e sotto a quello di centro, svelto, legai con dei vimini i miei compagni. Cosí tutti fuggirono dalla grotta e si misero a dirigere le greggi verso la nave. Avremmo avuto carne e latte per mesi di navigazione. Io ero l'ultimo; con me era rimasto solo il montone, un animale grande, magnifico, con un fittissimo vello; l'avevo trattenuto perché volevo passare con lui. Abbrancai il pelo della sua pancia e l'animale si mosse. Polifemo tastò il dorso, ma non gli venne in mente che potevo essere sotto.

Vi ho detto che Polifemo viveva per le sue bestie. Cosí si mise a parlare al montone: perché, diceva, caro montone, rimani per ultimo, tu che eri il primo a balzare fuori dalla grotta ogni mattino, e sei il re del gregge? Ho capito, sei triste perché il tuo padrone è stato accecato da quel Nessuno da nulla, un omiciattolo che potrei fare a pezzi con un solo gesto delle dita! Ma è ancora qui dentro, nascosto da qualche parte, e non riuscirà a sfuggirmi. Cosí diceva, e con la mano, dolcemente, spinse fuori il montone e me che ero abbrancato al suo vello.

Poi scendemmo alla nave dove i nostri compagni ci attendevano in ansia. Quando fummo a una certa distanza, vidi il Ciclope che brancolava fuori dalla grotta. Certo stava cercando le sue bestie, ma erano tutte sulla nostra nave, e belavano. Forse furono quei belati a dirigerlo verso di noi. Lo vidi, gigantesco, su un picco di roccia, con l'orbita vuota. E allora gli chiesi gridando se avesse digerito bene la carne dei miei amici. Lui volse il suo viso mutilato nella mia direzione, mentre i compagni cercavano di farmi tacere: perché disgraziato volevo provocare quel mostro? Lascia che stia dov'è e fuggiamo in silenzio. Intanto, remavano a tutta forza verso l'isola.

Ma io volevo che il Ciclope sapesse chi lo aveva sconfitto, e quella era la mia vendetta per i compagni divorati. Allora gli dissi che se qualcuno dei suoi amici gli avesse chiesto chi era stato a beffarlo e a spegnergli lo sguardo, avrebbe dovuto dirgli che era stato Ulisse, il re di Itaca, il padre di Telemaco, quello che chiamava omiciattolo.

Il Ciclope ruggiva di rabbia; staccò la cima di una rupe e la gettò nella nostra direzione, e poco mancò che ci colpisse, ma cadde dietro la poppa, con uno schizzo immenso. Poi levò le mani al cielo e incominciò a invocare suo padre Poseidone. Credo che ci maledicesse, ma non sentii le sue parole, ormai eravamo in vista delle altre navi.

Però suo padre lo udí, sono certo: troppe sventure ci capitarono da allora in poi sul mare, e sempre ho dovuto lottare contro le onde e le tempeste. Ma quel giorno ero felice perché avevo sconfitto il mostro: io solo, con il mio pensiero.

Cosí finí il suo racconto. Il giorno dopo era prevista la partenza. Si guardò attorno, tutti lo fissavano muti ancora una volta rapiti dalle sue parole. Volse gli occhi verso la solita colonna dove Nausicaa l'aveva ascoltato per molte sere. Non c'era piú, svanita.

Nóstos

Itaca

– Ti dico che la nave è in porto. Li ho visti mentre stavamo uscendo, non posso sbagliarmi. C'era Telemaco, dietro di lui Mentore, e poi una losca figura con gli occhi spiritati, un vecchio con un bastone: sembra un mago o un indovino. Begli alleati che si porta dietro Telemaco! Non potevo abbordarlo davanti alla città, allora ho puntato verso il largo.

Antinoo impallidisce alle parole dell'amico Eurimaco e per un attimo il suo bel viso assume un aspetto angoloso. Loro lí, sulla riva, a nuotare e a oziare, con le vedette sulla cima dell'isola, cambiate continuamente; e intanto Telemaco sfugge!

– Deve essere passato molto al largo, oppure rasente alla costa, la rotta piú pericolosa piena di scogli e di pirati pronti ad assalire qualsiasi cosa vedano, oppure qualche dio l'ha reso invisibile. Comunque è andata cosí, il piano è fallito. Non resta che tornare indietro e fare finta che non sia successo niente.

– Ma lo prenderemo, Eurimaco, – sibila Antinoo, – lo prenderemo una notte senza luna vicino alla reggia oppure di giorno quando va nei campi dai suoi servi. Basta nascondersi dietro un muretto di sassi e quando passa infilzargli una lancia nella schiena.

Finché c'è lui Penelope continuerà a imbrogliarci e rifiutare. Bisogna costringerla. Da sola non potrà fare nulla, non avrà piú tele da tessere. O meglio, tesserà la tela funebre per suo figlio, e alla svelta.

– Stiamo in guardia però, – risponde Eurimaco. – È infida. Per tre anni ci ha ingannati con la storia della tela, è una donna piena di astuzie come il marito. Solo Telemaco è ingenuo. Ma forse nemmeno lui, ora: ci è sfuggito abilmente, questa volta. Prima però dobbiamo sapere se qualcuno degli amici del padre gli ha promesso aiuto. Menelao non vorrei trovarmelo davanti.

– Menelao? Che vuoi che importi a lui di questo bamboccio? Non lascerà sola la sua Elena, questa volta, per venire a fare il gradasso qui a Itaca.

– Eh sí, avrà imparato a custodirla meglio. Forse ha paura che il fantasma di Paride sbuchi dall'Ade per sedurla nuovamente.

Ridono tutti. Si sentono al sicuro. Telemaco ha solo rimandato l'appuntamento col suo destino, ma ora bisogna tornare. Certo Penelope avrà saputo del loro agguato, ma che potrà dire o fare? Anche Antinoo è contento di ritornare. Dieci giorni su quello scoglio deserto, senza Melantò a rallegrarlo. Ah sí, quella notte avrebbe ritrovato i suoi occhi e i suoi sospiri, sull'erba del giardino davanti alle finestre di Penelope o meglio ancora di Telemaco. Forse il bamboccio sarebbe intervenuto e quello sarebbe stato il momento buono per piantargli un pugnale nella pancia. Melantò aveva un modo incantevole di fissarlo, obliquamente, con occhi da cerbiatta, dal basso verso l'alto con la testa leggermente piegata, mentre si sfilava la veste. Il piacere degli occhi viene prima, pensa Antinoo.

Raccoglie le vesti e le armi, e cosí pure gli altri.

Le due navi partono di conserva. Prima di sera sarebbero sbarcati a Itaca. Però decidono di approdare in luoghi diversi, bisogna fingere bene.

«Dorme ancora sulla spiaggia. Gli ho versato un sonno profondo sulle palpebre mentre era sopra la nave dei Feaci. Niente avrebbe potuto svegliarlo. Cosí i marinai hanno preso delicatamente il telo sul quale dormiva e l'hanno deposto sulla sabbia, insieme ai suoi tripodi e ai suoi doni, poi sono subito ripartiti.

Quando si sveglierà non capirà dove si trova. C'è una caverna alla fine di questa spiaggia; gli dirò di deporre lí i doni dei Feaci, certo non può presentarsi alla reggia portandoseli dietro. E non può nemmeno presentarsi. Non arriverebbe al tramonto. Non sa ancora, Ulisse, ciò che lo aspetta: giovani che vogliono prendere il suo posto e dormire nel suo letto. Non sa nemmeno se Penelope si è risposata e se suo figlio vive ancora. Non è finita la sua strada.

Però è abbastanza intelligente e forte, per questo l'ho sempre protetto. Io amo gli uomini come lui, che portano nel cuore un coraggio calmo, non dei furibondi senza ragione. Agamennone è tornato a casa come un trionfatore eppure gli è toccato di essere ucciso dalla moglie e dal suo amante. Accecato dalla sua superbia. E sí che noi avevamo avvisato Egisto nei sogni e tante volte gli indovini lo avevano avvertito: non uccidere Agamennone perché ti raggiungerà la vendetta di suo figlio Oreste. Ora è stato punito e il suo corpo è finito in mezzo a una strada, l'hanno divorato cani e uccelli. Che capiti lo stesso ai vigliacchi traditori come lui!

Tante cose sono cambiate negli anni tra gli Achei,

la generazione degli eroi sta finendo. Dopo, nasceranno uomini piú mediocri come i pretendenti di Penelope.

Qui a Itaca Ulisse dovrà combattere contro un nemico ancora piú forte del Ciclope. Dovrà affrontare la propria ira e le proprie passioni, e domarle, non dovrà lasciarsi indebolire dai ricordi e dal tempo passato che gli viene incontro. Questo tocca ai mortali: lottare contro il tempo che scorre ed è piú forte di loro. Ulisse rivedrà visi invecchiati e luoghi che sono rimasti intatti come la prima volta in cui li ha visti, quando era un bambino. Alberi, vigne, sentieri, squarci di mare. Non è una terra da eroi, Itaca: è una terra stretta, dove non ci sono carri da guerra e schiere armate di bronzo. Ulisse è cresciuto insieme a una generazione di giovani e con loro è partito per Troia; ora torna solo. Non ci sono quasi piú uomini della sua età su quest'isola: restano i piú giovani o i piú anziani e quei pochi che non l'hanno seguito.

Itaca è un posto pieno di vedove e di vecchi: Ulisse dovrà uccidere molti di quelli che sono cresciuti quando lui era lontano e gli hanno occupato la casa. Ragazzi ignari di guerra, che non conoscono il sapore del sangue, ragazzi abituati ad avere come scopo il letto di Penelope e cercare gloria riflessa, al posto di Ulisse. Ragazzi senza altro futuro, senza niente da ricordare, e con un presente fatto di illusione. Vuoto.

Uno, contro tanti. Ma Ulisse sa ingannare, sa mentire, e sa anche uccidere. Io lo aiuterò qui come l'ho aiutato a Troia».

A Ulisse tutto sembra sfocato. Vede accanto a sé gli oggetti luccicanti che i Feaci gli hanno donato, ma nessuno attorno, nessuna nave sul mare. Perché l'hanno ingannato? Ora è solo in un posto ignoto, e tutte quelle ricchezze non gli servono. Conta e riconta i tripodi e le vesti: non manca nulla. Dunque, non l'hanno abbandonato per rubare. E allora perché?

In quel momento scorge sotto un ulivo una figura bianchissima, quasi diafana. Un ragazzo. Sembra un pastore, ma è uno strano pastore: ha pelle candida e porta sul corpo un mantello ricamato straordinariamente bello.

Lo sta guardando tranquillo, sembra amichevole.

– Ragazzo, – dice Ulisse, – non stupirti di quello che ti chiedo, poi ti racconterò la mia storia. Dimmi, in che terra sono arrivato? Quali uomini vivono qui?

– Davvero non lo sai, straniero? – gli risponde la figura. – Quest'isola la conoscono in molti, anche se non è grande. Aspra, pietrosa, ma buona per gli ulivi e la vite. Sono bravi navigatori gli uomini di qui, e questa terra non è ignota. Il nome di Itaca è arrivato sino a Troia, dicono.

Una gioia indicibile afferra Ulisse, qualcosa di incandescente che gli esplode nell'anima come una fiammata. È questa, è questa la sua isola. Vent'anni sono passati, tutta una vita, ma ora è qui. Si getta a terra, la bacia, strofina a lungo la guancia sulla sabbia per sentirla meglio. Sí, ora vede, come se la nebbia si fosse dissolta dagli occhi. Questa è una spiaggia che conosce, anche se nell'angoscia non l'aveva riconosciuta, tante volte è venuto in questa baia a tuffarsi quando era giovane, con i suoi amici; è la spiaggia che chiamano di Forco, il Vecchio del Mare. Riconosce la fila di ulivi allineati dove la sabbia si smorza sul verde scuro del prato, sono sempre quelli di allora, tante volte si è sdraiato lí sotto uscendo dall'acqua; per gli alberi il tempo non passa nello stesso modo. E in fondo alla baia si staglia una roccia rossa scavata da una grotta, dove, dicono, nei momenti piú solitari vanno le ninfe a danzare. Si rialza con le guance insabbiate, cercando di controllare il tumulto dell'anima. Chi è mai quel giovane? pensa. Ci sono tante cose che devo sapere. Per fortuna ho imparato a ingannare.

Il ragazzo lo guarda sorridendo sotto l'ulivo, e i rami disegnano giochi leggeri di ombre sul suo viso. Ulisse si avvicina e gli si siede accanto. Come due amici.

– Sí, ho sentito parlare di Itaca a Creta, dove abitavo. Ti stupirai, – dice Ulisse, – se non ho subito riconosciuto questa terra. Itaca, sí, è famosa nel mondo. Ma sono sbarcato di notte. Navigavo su una nave fenicia venendo da Creta e mi sono addormentato. Non è vero che i Fenici siano pirati e imbroglioni; fanno i mercanti: sanno che quando si stringe un patto bisogna mantenerlo. Cosí accadde a me. Mi ritrovo qui con tutte le mie ricchezze, non manca niente. Ma altrettante ne ho lasciate a Creta ai miei figli.

Ecco cosa mi è accaduto. Ho combattuto a Troia con il re Idomeneo. A Creta vivono tanti popoli mescolati: la mia isola ha cento città e si parlano lingue diverse. Ci sono gli antichi abitanti con la pelle scura e parlano ancora la loro lingua, molto diversa dalla nostra; ci sono gli Achei che dominano e combattono sui carri da guerra. Fenici, Egiziani, Siriani, tutti quelli che navigano passano da Creta prima o poi. A Troia comandavo un gruppo di uomini che venivano dalle montagne, dove ho il mio palazzo e grandi ricchezze: buoi, maiali, capre, a migliaia, e cento pastori le pascolano. A Troia ero io che li conducevo in battaglia e non volevo essere secondo a Idomeneo che si proclamava re di Creta. Anche Agamennone mi apprezzava e ugualmente gli uomini piú valenti, Nestore, Achille e il re di questa terra, Ulisse. Quante volte lui e io siamo stati d'accordo in assemblea, perché avevamo lo stesso parere!

Intanto Ulisse scruta il viso candido del pastorello che continua a sorridere, e cerca di intuire che effetto abbiano su di lui le sue parole. Deve raccontare qualcosa di impressionante che viene da un mondo piú grande a quell'ingenuo ragazzo di Itaca, cosí resterà stupefatto.

– Idomeneo mi odiava; sono sicuro che a Troia cercò di farmi uccidere alle spalle, perché un giorno in battaglia sentii una lancia rigarmi il braccio da dietro, e certo qualcuno dei suoi aveva ricevuto il compito di eliminarmi, ma gli dèi mi protessero. Da allora stetti in guardia e raccomandai al mio compagno piú fido di proteggermi le spalle, però Idomeneo non cessava di meditare del male contro di me.

Cosí quando tornammo a Creta carichi di bottino cercò di rubarmi la mia parte. Aizzò suo figlio Orsíloco, che era l'atleta piú bravo e famoso tra i Cretesi, il quale prese la parola contro di me in mezzo all'assemblea proponendo che mi si togliesse quello che avevo conquistato a Troia, perché non avevo obbedito a suo padre.

Due giorni dopo gli tesi un agguato nei campi insieme al mio amico, in una notte buia; stava ritornando dai suoi poderi e non sospettava nulla. Era facile nascondersi nell'ombra. Lo lasciai passare e poi gli ficcai una lancia nel corpo. Lo colsi dietro al collo. La lancia gli trapassò il cranio e uscí dalla bocca tagliandogli la lingua, che cadde per terra, ancora guizzante come un piccolo animale. Nessuno poteva averci visto. Però capii che era meglio che scomparissi finché Idomeneo regnava.

Avevo già parlato con i marinai fenici e ammassato i miei beni sulla loro nave; avevano accettato, dietro grande compenso, di portarmi a Pilo. Certo il mio amico Nestore, o i suoi figli se lui non era piú vivo, mi avrebbe accolto. Quella notte corsi sino alla baia dove la nave era ormeggiata. Ci dirigemmo verso Pilo, ma le tempeste e le correnti ci portarono fuori rotta. Cosí, dopo avere molto lottato col mare, questa notte mi fecero scendere su questa spiaggia insieme alle mie ricchezze e ripartirono. Dormivo sfinito, perciò mi hanno depositato a riva nel sonno sopra il telo sul quale ero sdraiato. Non sono mai stato prima a Itaca, ecco perché non ho riconosciuto questa baia. Ma sono in salvo, perciò ho baciato la terra che mi ha accolto.

Una bella storia, piena di invenzioni. Però il pastorello continua a sorridere come se avesse ascoltato una favola. Dopo qualche istante parla, e stranamente ora a Ulisse pare che sia diventato una ragazza meravigliosa.

– Bugiardo e imbroglione come sempre! Quale uomo riuscirà a ingannarti? Ma io ti ho ingannato, non mi hai riconosciuta, – dice Atena, e sorride ancora.

La tela corre lungo tutta la parete. Sottile, lavorata con arte, piena di colori. Dentro Penelope ha tessuto figure alate, mostri, uccelli, piante vere e immaginarie. Un grande polipo con due occhi ovali e i tentacoli arricciati che avvolgono un pesce e sembrano rametti contorti di una pianta; guerrieri sui carri e donne con gioielli e vesti variopinte. La dea Atena con la lancia e l'armatura. Il mare viola e una barca che si avvicina a un'isola. Non ha voluto ordinare le figure in modo regolare. Ci ha messo la sua anima, tessendo d'istinto quello che le veniva in mente di giorno in giorno; poi, la notte, quando la disfaceva, vedeva le forme annullarsi e svanire come ingoiate dall'aria; e il giorno dopo ritessendola ne creava di nuove.

All'inizio aveva escogitato l'inganno per guadagnare tempo e imbrogliare i pretendenti. Ma poi, notte dopo notte, aveva preso piacere e passione nel disfare quello che di giorno le veniva di tessere; anzi, alla fine attendeva la notte con ansia, per far svanire le sue fantasie e ritesserne altre il giorno dopo.

Non avrebbe mai voluto finirla, quella tela, anche se Ulisse fosse ritornato un giorno: sarebbe stato come smettere di immaginare o di sognare. Chi parla vive nel mondo di tutti, chi segue la fantasia si ritrae in un mondo solo suo, dove nessun altro può entrare. E a Penelope piaceva trasformare questo mondo in ricami. Aveva provato anche a tessere il viso di Ulisse, come se lo ricordava il giorno della partenza; poi come lo immaginava ora. Stranamente era un viso sfocato, perciò presto smise di disegnarlo. Aveva tessuto i sogni che le comparivano di notte e si ricordava al risveglio. Tessere un sogno, ecco quello che non tutte avrebbero saputo fare! Ma a lei riesce facile, perché i suoi sogni sono colorati e nitidi.

Torna al balcone proiettato verso oriente, quando il mare ha appena preso il colore del pomeriggio, e si percepisce che la luce è cambiata e le ombre iniziano a tagliarsi piú nette.

«Una gioia grande, – pensa, – almeno uno è qui, non me l'hanno ucciso. Euriclea è corsa a dirmelo stamattina mentre ero ancora quasi nel sonno. Ha dovuto bisbigliarmelo all'orecchio perché siamo circondate da spie. Sí

Telemaco è tornato, e tra poche ore lo rivedrò. Con lui in questa casa riempirò una parte del vuoto che mi sfinisce l'anima. Quando io mi sveglio angosciata nel mezzo della notte, mi dà pace sapere che Telemaco c'è e dorme nella sua stanza e il giorno dopo lo rivedrò. Pensando questo dimentico le odiose presenze che riempiono la casa coi loro schiamazzi. La notte fonda è solo nostra, mia e di Telemaco, anche se lui non lo sa.

Molte delle nostre schiave escono di notte e s'incontrano nel giardino coi pretendenti. Spesso le sento, mentre abbracciano i loro amanti e bisbigliano e ridono e gridano. Poi però ogni rumore si spegne e il silenzio torna ad avvolgere tutto. Varie volte a Telemaco è venuto l'impulso di uscire pieno di rabbia con la spada per fare cessare questo obbrobrio, ma io l'ho sempre trattenuto. Pazzo, gli ho detto, è proprio quello che vogliono, che tu esca con la spada in mano! È un agguato, non capisci? Ti uccideranno e diranno che hanno dovuto difendersi. Taci, sopporta. Anche tuo padre ha sopportato molto nella sua vita. Era capace di aspettare il *kairòs*, il momento giusto. Sempre puoi trovare il momento adatto (mi ha detto una volta quando ero giovane) se tieni la tua mente salda e chiudi la tua ira nel petto. La vera forza sta nei nostri pensieri, se riesci a nasconderli. Cosí ho fatto io in questi anni e Telemaco è vivo per questa ragione. Ho ingannato, ho dissimulato. Ho cercato di fare quello che Ulisse mi aveva consigliato, e ho imparato a farlo molto bene. Ci sono uomini sciocchi e con un po' di astuzia una donna può raggirarli facilmente. Pensano di essere belli e desiderabili, e che una donna cada ai loro piedi quando vogliono. Telemaco non ha ancora la forza per scacciarli, ma ogni giorno che passa diventa piú grande e loro piú ciechi e arroganti. Se è figlio di suo padre saprà prenderli al momento giusto. Anche stanotte ho sognato che Ulisse tornava e uccideva i pretendenti uno per uno, ma era un sogno strano, non mi ha dato gioia. Se potessi bucare il muro che separa il sogno dalla realtà e fare sgorgare i sogni da quel mondo indistinto dove si formano!

Sí, il mio letto è vuoto, ma mio figlio dorme nella casa dei suoi genitori e questo pensiero mi dà pace, ogni notte».

Sceglie un velo sottilissimo, che aveva portato con sé a Itaca quando si era sposata, e scende dalla stanza delle donne al primo piano. Quando entra nella grande sala comune gli schiamazzi tacciono. Lo sentono, i pretendenti, che sta arrivando una regina. Tende il velo davanti agli occhi e vede che ne mancano molti, tra loro Antinoo, e sa anche il motivo. Ha teso un agguato a Telemaco ma gli è andata male. Tornerà anche lui presto, a mostrare il suo viso arrogante. Bello, certamente, certe volte senza volerlo il suo sguardo lo cerca, tra gli altri. Ma c'è qualcosa in lui di volgare e crudele. E anche di ingenuo, in fondo. Se un'ancella infida non l'avesse tradita, Antinoo avrebbe continuato ad aspettare che lei finisse la tela. Ah sí, avrebbe continuato a ingannarlo, e lui a crederci. Con Ulisse non sarebbe mai successo. Sa anche che quel ragazzo non vuole lei, ma la casa e il potere di Ulisse.

«No, – pensa, – quello sciocco vanesio nel mio letto non entrerà».

Un vecchio con le vesti sbrindellate, curvo, calvo, le mani nodose appoggiate sul bastone e gli occhi spenti.

Eumeo lo vede uscendo dalla capanna, richiamato dai latrati dei cani; siede su una pietra vicino al recinto, e i cani lo circondano, pronti a dilaniarlo. Eumeo li calma con un fischio e si avvicina al vecchio.

– Sono bestie feroci, – dice, – hai rischiato qualcosa, straniero. Entra, hai l'aspetto di uno che non se la passa molto bene, ma stai tranquillo, da me avrai accoglienza. Forse anche il mio padrone si è trovato in una situazione simile, e qualcuno gli ha offerto cibo e vino, come ti offrirò io.

Il vecchio entra nella capanna, in silenzio, e si guarda attorno. Pelli di capra come giaciglio, un tavolo rozzo, qualche letto in cui Eumeo e i suoi aiutanti dormono. Qualche coperta. Tutto molto ordinato. Sembra in piccolo la grotta del Ciclope, ma con un ospite gentile. Gli stessi steccati, gli stessi muretti di pietra, gli abbeveratoi. I pastori sono uguali in ogni angolo del mondo.

Il porcaro torna con un maialino appena sgozzato. Lo taglia abilmente in pezzi e li infila sullo spiedo. Poi va all'orcio del vino e versa due coppe, allungate con acqua.

– Questo ti posso offrire io. Se vuoi comodità vai alla reggia di Ulisse. Non troverai lui, però: vedrai un gruppo di ragazzotti che fanno baldoria, mangiano e bevono a spese sue. Ogni giorno devo condurre loro la scrofa piú grassa, e prima di sera non restano nemmeno le ossa. Che s'ingozzino e crepino!

Meno male che negli anni scorsi le mandrie di porci hanno prosperato. Qui ancora vedrai trecento scrofe e seicento maiali, oltre ai porcellini. Mangiano ghiande e radici nei boschi qui vicino e ingrassano. E noi mangiamo il loro grasso –. Rosicchia e succhia le ossa e intanto sorride con gli occhi, si capisce che è contento di vedere una faccia nuova.

Anche il vecchio mangia, e mentre stacca i pezzi dallo spiedo si guarda le mani callose percorse da grosse vene.

Atena lo ha sfiorato soltanto, sotto quell'ulivo, e in un istante si è trovato trasformato in un anziano mendicante. Gli dèi sono padroni del gioco delle forme. Perché nessuno ti riconosca, ha detto, sarebbe troppo pericoloso e poi ha riso: stai tranquillo che non resterai sempre in questo stato, anche se forse un poco te lo meriteresti, imbroglione che sei, cosí non sedurrai piú nessuna. Ha riso di nuovo e lo ha guardato con occhi verdi come quelli di una civetta, e in quel balenio a Ulisse è parso di scorgere qualcosa di strano che si potrebbe definire affetto, se mai un dio possa provarlo per un uomo. Poi è svanita dentro il verde dell'ulivo.

Ora Ulisse è davvero tornato a casa e vede Itaca dall'altra parte, quella piú misera: porcari, cani ringhianti, porci, capanne. Le sue mani staccano pezzi di maiale dallo spiedo insieme a un servo, e intanto pensa che queste stesse mani hanno diviso la carne e il pane con Agamennone e Achille, su piatti d'oro. Non proprio le stesse, però, quelle che vede sono mani contorte di un vecchio, forse come quelle di suo padre Laerte. È sempre stato un uomo mite, Laerte, combattere e imbrogliare non era la sua arte, queste sono le virtú di Ulisse.

Cala la sera. In mezzo a un tripudio di grida, grugniti, latrati arriva la mandria dei porci, tantissimi, un disordinato esercito che grugnisce. Gli aiutanti di Eumeo e i cani da mandria li spingono svelti nei recinti. Un altro maialino finisce la sua esistenza su uno spiedo.

Mangiano tutti insieme, Ulisse e i porcari. Eumeo non ha moglie né figli, vive con i suoi maiali e i suoi uomini. Si è rintanato qui e non vuole avere niente a che fare con la città, da quando manca Ulisse. Spacca la legna con una vecchia scure, si fa i sandali da solo, scanna i maiali con un coltello, non scende mai al mare come se ne avesse orrore, aspetta che arrivi l'inverno e poi la primavera. Non ha bisogno di altro, non prova desiderio di nulla, se non del suo padrone. Nel cuore c'è posto solo per questa mancanza e per un altro sentimento: l'odio per i pretendenti che si sono infilati come un cuneo tra lui e il ritorno del suo re. No, se fosse per lui tutto dovrebbe restare com'era quando Ulisse è partito, quando l'ha chiamato e gli ha affidato la custodia dei maiali. Gli ha regalato il suo pugnale con l'elsa d'argento dicendogli che era l'uomo di cui piú si fidava in tutta Itaca e che da lontano avrebbe visto piú cose.

Eumeo ha capito che cosa gli stava chiedendo il padrone: vegliare sulla sua famiglia, come un amico segreto. Per questo non l'aveva condotto con sé a Troia. Qui doveva restare, Eumeo, fermo e saldo come una quercia; e infatti quando Ulisse rimette piede in patria ricomincia da lui, come se riannodasse un filo. È il primo essere umano che cerca nella sua terra, ma senza farsi riconoscere. Aspetta, mettili tutti alla prova, gli ha suggerito Atena.

Il cielo ora è buio, e senza luna. – Queste notti sono lunghissime, – dice Eumeo aggiungendo qualche ramo sul fuoco. L'aria è fredda, il vento filtra da tutte le fessure nella capanna; ormai l'autunno sta avanzando. Il chiarore del falò getta luci e ombre nette sul viso dello straniero.

– Se ho capito bene, – dice con voce bassa Ulisse, – il tuo padrone è lontano.

– Da vent'anni non lo vedo, – risponde Eumeo, – e ogni giorno penso a lui. Siamo rimasti in pochi ad aspettarlo. Sua madre è morta di dolore. Suo padre si è ritirato nel podere piú lontano e ogni giorno prega gli dèi che gli tolgano la vita, di cui non sa piú che fare. Sua sorella

Ctimene, la mia amica d'infanzia, vive lontana, in un'altra isola, e non mette piede a Itaca da quando si è sposata, ancora prima che Ulisse partisse per Troia. Euriclea, che ha cresciuto Ulisse e poi Telemaco, è come me: spera che Ulisse torni, e intanto gli anni passano e le scavano il viso. Morirà aspettando. Ma sinché sarò vivo io, Telemaco avrà un amico.

– E Penelope? – chiede lo straniero con voce ancora piú bassa.

Eumeo tace un istante, e con un uncino riattizza la brace sul fuoco che si sta spegnendo. Ora il viso dello straniero è indistinto nel buio.

– Penelope ha protetto il figlio e la casa, – risponde l'altro. – Nessuno potrebbe criticarla se si risposasse, ma non lo fa. Però cosa passi per la testa di quella donna nessuno lo può dire. Itaca ha bisogno di un re, questo è certo. Ulisse lo era perché era il piú forte e il piú ricco: campi, bestiame, la dispensa della casa piena di oggetti preziosi, e anche sulla terraferma aveva possedimenti. Fanno gola a molti. Da quando Laerte si è ritirato in campagna la reggia si è riempita di pretendenti. Penelope non sceglie e non respinge. Li tiene vicini eppure li tiene lontani. Forse aspetta che Telemaco diventi uomo o che suo marito ritorni; qualcuno mormora che le piace avere attorno giovani uomini che la corteggiano. Ormai Telemaco non è piú un ragazzo e ogni giorno che passa aumenta il pericolo che qualcuno lo levi di mezzo; dicono che sia andato a Pilo e a Sparta a cercare aiuto dagli amici di suo padre. Adesso i pretendenti hanno capito che è diventato pericoloso, qualcosa stanno macchinando di sicuro. Io mi illudo ancora che Ulisse torni in tempo. Ah, come scapperebbero quei cani!

Almeno uno mi è rimasto fedele, pensa Ulisse guardando il porcaro.

– Ma dimmi, – riprende Eumeo, – come sei arrivato sin qui? Tu devi averne viste molte, vecchio accattone rovinato dalla vita.

– Non sempre è stato cosí, – risponde Ulisse. – Se ti raccontassi la mia storia ti stupiresti.

– Racconta, – risponde Eumeo, – la notte è il tempo dei racconti, si ascoltano piú volentieri e sembrano anche piú veri. Non sogniamo, di notte?

E Ulisse incomincia a tessere altre bugie, ma dietro ognuna di esse c'è una parte della sua storia di avventuriero. In fondo, non è questo che fanno anche le Muse e i poeti, quando inventano racconti falsi che sembrano veri?

– Sono nato a Creta, – dice, – figlio di un uomo molto ricco; mia madre era una sua schiava. Perciò, quando morí, i figli legittimi si spartirono i suoi beni e a me lasciarono solo una casetta e un piccolo campo. Però io ero bravo nell'usare la lancia e nel tendere agguati, e non avevo paura di nulla. Mi piaceva fare quello che per quasi tutti gli altri è odioso: affrontare il nemico, uccidere, navigare e sfidare le onde. Non avevo paura di nulla. Sapevo nascondermi, balzare fuori d'improvviso, e colpire un uomo prima che potesse accorgersi che la morte lo stava raggiungendo. Ne ho uccisi molti cosí. Mi trovai a combattere oltremare, perché gli Egiziani avevano bisogno di buoni soldati. Tornai a Creta ricco e sposai una donna nobile, anche se ero figlio di una serva, e la sua famiglia fu felice di darla a un uomo tanto coraggioso. In cambio avevo offerto molti doni per averla.

Quando scoppiò la guerra di Troia fui incaricato dal popolo di comandare l'esercito, come luogotenente del re Idomeneo. Lí ho conosciuto il tuo padrone, e molte volte abbiamo combattuto vicino. Era largo di spalle, forte, agile, tutti stavano a sentire il suo consiglio. Siamo stati fianco a fianco in battaglia per nove anni, e al decimo Troia è stata presa. In guerra avevo ucciso molti uomini e perciò fui lautamente ricompensato: schiave, bronzo, oro. Tornai dalla mia sposa, rimasi fermo un mese soltanto: come ti ho detto, mi piace l'avventura; figli, moglie e casa non mi bastano, ho un cuore inquieto. Cosí ho attrezzato un buon numero di navi e ho raccolto molti dei compagni che mi avevano accompagnato a Troia. Si fidavano ciecamente; mi avrebbero seguito sino alla terra dei morti.

Conoscevo l'Egitto e feci rotta verso quella terra. Pensavo di mettermi al servizio del faraone con la mia flottiglia. Quando sbarcammo, però, i miei uomini furono presi dalla furia cieca della preda. Cercai di fermarli, ma non mi diedero ascolto: pazzi. Sapevo che gli Egiziani avevano un servizio di vigilanza lungo le coste, e che il loro esercito era accampato poco dietro, nella pianura.

Come forsennati uccidevano contadini, rapivano donne e bambini, saccheggiavano capanne. Poi arrivarono gli Egiziani comandati dal loro faraone. Fu una strage; i miei compagni furono massacrati uno dopo l'altro, salvo quelli che presero prigionieri e mandarono a lavorare nei campi in catene.

Io ebbi un'idea che mi salvò. Gettai le armi e mi prosternai davanti al carro del faraone, chiedendogli pietà. I suoi generali mi conoscevano perché avevo combattuto tra loro; cosí mi salvò la vita e mi fece salire sul suo carro, perché tutti intorno puntavano le lance contro di me e volevano uccidermi. Mi arruolai ancora nel suo esercito e combattei le sue battaglie contro i popoli del mare. Accumulai ricchezze e un giorno decisi di tornare a casa; mancavo da tanti anni, ero stanco di guerre e avventure. Mi misi d'accordo con un mercante fenicio che era in Egitto per commerciare: mi avrebbe portato a Creta con i miei beni in cambio di un grande compenso. Ma era un uomo nefasto e infido, come spesso sono i Fenici. Quando arrivammo in alto mare svelò le sue intenzioni: mi avrebbe venduto in Fenicia a un mercato di schiavi. Rideva, quel maledetto. Mi furono tolte le armi ma mi lasciarono libero di girare per la nave perché si divertivano a schernire la mia disperazione. E Zeus li punì. Suscitò una tempesta tanto furibonda che la nave si sfasciò, colpita da un fulmine. Annegarono tutti, mentre a me qualche dio offrí a portata di mano un troncone dell'albero. Mi aggrappai e fui portato dal mare per nove giorni e nove notti, sinché le onde mi spinsero nella terra dei Tesproti. Lí mi raccolse Fidone, il figlio del re, mi ospitò e disse che mi avrebbe fatto accompagnare a Creta da una nave in partenza.

Fu quando ero dai Tesproti che seppi che anche Ulisse era lí. In quel momento era andato a Dodona a consultare l'oracolo di Zeus, dopodiché sarebbe rientrato a Itaca, insieme alle grandi ricchezze che aveva accumulato in quegli anni. Io partii prima, ma ancora una volta mi aspettava una sventura; anche quei marinai infatti decisero che mi avrebbero venduto; mi tolsero i bei vestiti regalati dal re e mi buttarono addosso questi stracci che vedi. Una notte però sbarcarono su una spiaggia isolata di Itaca a cercare cibo e acqua; io ero legato, ma sono abile a destreggiarmi con i nodi, e mentre erano tutti a terra mi liberai e mi tuffai in mare nuotando veloce, sinché raggiunsi la costa e mi infilai tra gli alberi. Quando se ne accorsero lanciarono alte grida e cominciarono a cercarmi lí intorno, ma ero ben nascosto in una buca coperta da un cespuglio. L'alba stava sorgendo e decisero di ripartire seppure tristi per il guadagno sfumato. Ero libero, ma senza piú niente. Cosí sono arrivato da te.

Eumeo lo guarda con occhi che sembrano ironici.

– Bella storia, straniero, dice. Cosí, sei Cretese. Quante sventure hai sofferto, mi commuovono il cuore. Io ti credo, anche se dicono che tutti i Cretesi siano bugiardi. Ma in una cosa non hai bisogno di mentire: quando parli di Ulisse. Già ne abbiamo visti molti di stranieri arrivare a Itaca e raccontare di averlo visto da una parte o dall'altra del mondo, perché il mare è una grande strada che abbraccia tutto. Non c'è bisogno che inventi con me: qui dal porcaro avrai lo stesso ospitalità.

– Eumeo, – risponde Ulisse, – facciamo una scommessa: se il tuo padrone ricompare entro pochi giorni tu mi regalerai un mantello e mi cercherai una nave che mi riporti a Creta. Se Ulisse non torna, fammi spingere giú da una rupe.

– Bell'affare che farei, – risponde ridendo Eumeo, – gettare da una rupe un vecchio mendicante offendendo Zeus ospitale! Quanto al mantello, uno te lo posso dare, ma solo per questa notte. Piove, sibila il vento. Resta qui al caldo con gli altri, su queste pelli di capra.

Gli porge un mantello di lana pesante ed esce dopo essersi avvolto in pelli di pecora; c'è una roccia cava al riparo dal vento e dalla pioggia. Lí dorme Eumeo, vicino ai suoi maiali, per difenderli dalle bestie del bosco e dai furti.

Ulisse lo segue con lo sguardo mentre esce. Ecco un uomo che si prende cura di lui e delle sue cose. Questa è la sua vera terra, il tempo degli dèi e dei mostri è finito.

Il giorno stava calando, la nave dondolava impercettibilmente alla fonda come se anche lei fosse inquieta. Le cose non erano piú come prima. Telemaco non si sentiva piú annientato dal fantasma di Ulisse. Lo aveva visto nelle parole dei vecchi amici del padre, mentre a Itaca gli giungevano solo ricordi nebulosi e lontani, di gente che non era mai stata testimone della sua grandezza. Dicevano, sí, che era un uomo eccellente, ma che cosa mai potevano sapere di grandezza i contadini e pastori di un'isola piccola, che sarebbe sempre rimasta ignota se non ci fosse stato Ulisse? Era solo un ragazzo ed è diventato un giovane uomo ed è pronto a prendere la sua parte nella vita: governare la casa, essere rispettato dagli altri, avere una moglie, figli che proseguano la catena delle generazioni, essere degno di suo padre.

Telemaco non aveva mai visto il mondo degli eroi, insieme ai quali suo padre era vissuto. Era rimasto isolato in una terra piccola tra gente mediocre, in una reggia invasa da prepotenti e dove a lui non toccava altro che subire. Quanto avrebbe voluto in questi anni avere un padre, accanto al quale diventare uomo e che gli trasmettesse una parte del suo valore! Troppo grande, Ulisse, per una terra troppo piccola.

Mentore dava gli ordini ai marinai in modo che si preparassero a lasciare Pilo, e mentre stavano per mollare gli ormeggi si avvicinò un uomo. Aveva occhi accesi e un po' crudeli, una veste bianca di lino, un bastone in mano, una bisaccia piena di roba.

– Vengo da Argo. Lí ho ucciso un uomo, colpendolo col bastone durante una lite. Perciò sono fuggito, ma mi stanno inseguendo per ammazzarmi.

Prendimi sulla nave, ti prego, e portami a Itaca con te. Ti sarò utile. Mi chiamo Teoclimèno, sono un indovino e anche mio padre lo era: Apollo ha fatto questo dono a tutta la famiglia, a partire dal mio avo Melampo che conosceva le voci degli animali e sapeva scacciare i demoni danzando e cantando le sue cantilene. Io vedo le ombre dei morti, quando il dio mi ispira, e posso dire quello che sarà come se fosse davanti ai miei occhi.

– Non scaccerò un supplice, mio padre non l'avrebbe mai fatto, – rispose Telemaco. – Sali, ma nella reggia non ti posso ospitare finché sarà invasa da quella gentaglia, ti umilierebbero e ti offenderebbero, e io non potrei difenderti, solo contro molti. Ti farò accogliere da un amico.

– E io in cambio ti dico questo: naviga radendo la costa, evita le isole che stanno davanti a Itaca. Sento qualcosa di molto brutto che viene da lí, mi sembra di scorgere una nave piena di armi e scudi, e fantasmi di uomini che agitano lance su una spiaggia. Ascoltami, stai lontano dalle isole.

– Sí, – intervenne Mentore fissando con i suoi occhi lucenti l'indovino, – è meglio cosí. Navigheremo lungo la terra degli Epei e poi risaliremo dalla costa verso Itaca. Evitiamo lo stretto tra Itaca e Same, è il punto piú adatto per un agguato. Lo straniero ha ragione, è la rotta migliore.

L'indovino guardava Mentore e sussultò, mormorando parole incomprensibili, poi corse a sedersi sulla prua, calandosi il cappuccio sugli occhi.

Partirono. Il vento soffiava violento, il sole s'immergeva nel mare e arrivò la notte, una notte fredda d'autunno in cui tutti s'avvolsero nelle coperte, sul ponte della nave. Solo il timoniere era sveglio, e si stupiva di quanto filasse la nave sopra le onde.

Sarebbero bastati due giorni di navigazione per scorgere il Nerito, il monte di Itaca, e immaginando di rivedere la reggia i pensieri di Telemaco si fecero piú tetri.

«Non deve passare un altro inverno senza vendetta. Il sangue deve scorrere. Non ho ancora ucciso un uomo; che effetto mi farà vedere una lancia che attraversa un corpo, il sangue che sprizza, un viso che sino a un attimo prima era vivo e mobile come il mio assumere una smorfia stupita, e la vita spegnersi negli occhi?

Io non ancora, ma mio padre certo l'ha fatto tante volte sotto Troia. Antinoo è il primo da colpire. La lancia la so scagliare bene, ho abbattuto già molti caprioli e cinghiali, mi sono esercitato e il mio porcaro Eumeo mi ha spiegato i molti modi per scagliare. Bisogna colpire in mezzo alla pancia, se il nemico non ha la corazza. Un colpo scagliato alla distanza giusta passa un uomo da parte a parte, cosí come ho fatto con i cinghiali. Se ha la corazza invece bisogna mirare al collo, è la via piú veloce per far entrare la morte in un corpo. Cosí almeno mi ha detto Eumeo. E mi ha fatto esercitare a caccia tra i monti. Ma anche lui non ha mai ucciso un uomo, probabilmente. Comunque non me l'ha detto; forse ha ucciso qualcuno accompagnando Ulisse in qualche imboscata, però non me l'ha raccontato. È un porcaro bravo a usare il coltello. Anche quello può servire, ma io preferirei usare la lancia perché è un'arma piú nobile. Spesso immagino di usarla contro Antinoo, mentre la scaglio contro la pelle di pecora, e allora il colpo mi parte piú forte e preciso. Cosí dovrà essere, quando arriverà il momento.

Mi sono esercitato da solo ogni giorno, dopo aver inchiodato una pelle di pecora contro un albero. Da dieci passi la colpisco sempre, e la punta dell'asta penetra profonda nel tronco. Lo farò ancora e ancora, sinché sarò capace di colpirla da venti passi. Allora sarà arrivato il momento».

La nave tirata sui rulli, sta sulla sabbia un po' inclinata su un fianco. Mentore è scomparso senza una parola; Telemaco affida a Teoclimèno il suo amico Pireo e anche i doni di Nestore e Menelao, gli pare prudente che i pretendenti non li vedano, altrimenti lo sommergerebbero di domande. Forse, spaventati dall'idea di trovarsi davanti Menelao, si affretterebbero a toglierlo di mezzo. Meglio che non sappiano. E meglio non andare direttamente alla reggia. Tanto tutti hanno visto che è tornato, qualcuno lo riferirà a sua madre.

Ci pensa un attimo e decide di avviarsi prima alla capanna di Eumeo. Da lui saprà che cosa è accaduto in questi giorni.

Entra tra gli ulivi e cerca il sentiero che sale sul monte dove Eumeo ha il porcile. A mano a mano che s'inerpica il mare dietro gli ulivi diventa una distesa luccicante per i raggi che rimbalzano sulle onde leggere del mattino. Qualche folata di vento scuote gli alberi. Un passo dopo l'altro Telemaco sale e intanto pensa che sarebbe un luogo ottimo per un'imboscata. Si guarda intorno a ogni svolta. Nessuno, solo qualche volo di uccelli.

Intanto pensa a suo padre, a dove sarà ora. Menelao

gli ha detto che si trovava su un'isola molto lontana, solo, senza nave. Sarà vero? Oppure è morto, e quello che gli è successo nessuno lo saprà mai?

Ora è in alto, la strada si allarga piena di sassi. A distanza distingue la capanna e vede Eumeo seduto davanti al recinto. Accanto a lui un altro uomo, uno sconosciuto cencioso. Sembra un vecchio mendicante forestiero.

Mégaron

La casa

«Eumeo si era appena allontanato per avvisare in segreto Penelope del mio ritorno. Il prodigio è avvenuto mentre stavo rientrando nella capanna. Ho varcato la soglia e davanti a me c'era un uomo completamente diverso dallo straccione che avevo appena lasciato. Una voce ignota mi ha sussurrato all'orecchio che era mio padre. Il vecchio aveva scosso a terra gli stracci. Come per incanto i suoi capelli erano ridiventati neri, il corpo si era raddrizzato e i muscoli delle spalle si disegnavano forti e tesi sotto una veste nuova. Sembrava un re o un dio. Sono rimasto impietrito, come davanti a un'apparizione, e lo straniero mi è venuto incontro. Piangeva».

– Telemaco, ti ho guardato per tutta la sera e tu non te ne sei accorto. Ho dovuto farmi forza per non mettermi a piangere e non abbracciarti subito. Sei bello, piú ancora di come ti avevo immaginato in questi anni, quando sull'isola di Calypso non riuscivo a scacciare l'idea di un figlio che stava crescendo lontano da me. Ora ti posso toccare. Sono io tuo padre, non arriverà mai un altro Ulisse, sono io quello che aspetti.

Telemaco capisce che è lui, e non un impostore perché quando lo abbraccia prova una sensazione indescrivibile di vicinanza. Un padre e un figlio insieme, la cosa piú bella. Piange anche lui e le loro lacrime salate si mescolano sui loro volti. Poi si separano. È finito il momento del pianto. Ci sono tante cose che devono pensare insieme.

Ulisse non perde tempo a raccontare la sua storia; dice soltanto che è l'unico sopravvissuto, che la flotta è stata distrutta e che i marinai feaci l'hanno lasciato su una spiaggia di Itaca, insieme alle sue ricchezze. Ci sarà il momento di raccontare, ha detto, questo è il momento di agire. Vuole sapere tutto, i nomi, i particolari di quello che sta accadendo nella reggia. Ogni tanto si ferma a riflettere e torna nuovamente a interrogare.

– Non devi fare niente, – dice, – neppure se vedessi che mi afferrano per i piedi e mi trascinano fuori dalla sala. Entrerò fingendo di essere il mendicante che hai visto. Mi insulteranno, mi maltratteranno, non reagirò. Andrà tutto a loro debito. Se qualcuno si comporterà bene lo risparmierò. Devo capire chi mi è amico, spiare la mente di ognuno e scoprire la via per abbatterli. Aspetterò il momento. Cosí ho sempre fatto con i nemici, e sempre ho vinto.

– Come faremo? – gli domanda Telemaco a un certo punto, – sono in troppi per affrontarli faccia a faccia.

– Hai bisogno di alleati? Dimmi se ti bastano Atena e Zeus che staranno al nostro fianco. Ti fanno paura quei codardi che pensano solo a banchettare, bere e fare i superbi? Ho visto tanti presuntuosi cadere nel fango: la superbia è un vizio facile da eccitare, facile da ingannare. Noi abbiamo due cose che loro non possiedono, *dólos* e *métis*, l'inganno e l'intelligenza. Ingannare non basta se non possiedi la *métis*, e non sei capace di progettare quello che vuoi che accada e non hai la pazienza di attendere il momento in cui la preda si presenta dritta davanti al colpo. Anche gli uccelli sono tanti, eppure basta un cacciatore con una rete per prenderli tutti assieme, se è abile. Noi li prenderemo come pecore, e loro non potranno fare nulla se usiamo la *métis* –. Tace per un attimo e Telemaco non osa interromperlo. Poi riprende. – Questa sera fai scomparire le armi dalla sala. Tieni solo in disparte due scudi, due lance, due elmi e due spade per noi. Non avremo tempo d'indossare le corazze. Se qualcuno ti chiede il motivo, dirai che hai tolto le armi perché si erano affumicate con gli anni e le vuoi far pulire. E inoltre che è meglio toglierle dal luogo dove si beve, perché le armi attirano da sole gli uomini a usarle. Quando sarà arrivato il momento ti farò un cenno e andrai a chiudere tutte le uscite dall'esterno. Ma domani non agiremo, dobbiamo aspettare. Antinoo ed Eurimaco sono i capi. Devono essere i primi a morire. Eliminati loro, gli altri saranno presi dal terrore. Ho visto molte volte in battaglia che quando il capo cade gli altri sbandano. Anche i pretendenti cercheranno soltanto di fuggire, ma troveranno chiuse le uscite. Sbarra anche la porta di Penelope, sulle scale; potrebbero cercare di scappare di lí oppure prenderla in ostaggio. Piú troveranno chiuse le vie di fuga, una dopo l'altra, piú andranno nel panico. Si sentiranno in trappola come topi. Ho visto molte volte Achille in battaglia: bastava un suo grido per scompigliare una massa di gente. Col grido esce tutta la tua forza e le tue energie si moltiplicano. Genera spavento nei nemici, e aumenta il tuo coraggio. Anche tu grida piú forte che puoi, mettiti la morte negli occhi, lo sguardo è la prima delle armi; un vero uomo è capace di fissare il nemico dritto negli occhi mentre lo affronta, ed è pronto a dare la morte o riceverla. Ma i vili non riescono a sostenerlo, restano pietrificati. Questi codardi si sgomenteranno.

E non fermarti a guardare chi rotola a terra, dobbiamo fare tutto alla svelta. Eumeo l'ho messo alla prova; è un uomo fidato, potrà aiutarci.

– Sí, – risponde Telemaco, – è stato lui a insegnarmi a maneggiare la lancia. Mi esercito ogni giorno, ora sono bravo a colpire. Anche con l'arco mi ha insegnato a tirare: so colpire un uccello che si leva in volo.

– Mi hai parlato dei pretendenti. Dobbiamo guardarci da altri? Chi sta dalla loro parte, chi potrebbe spiarci?

– Alcune ancelle sono le loro amanti. Melantò soprattutto, è diventata la donna di Antinoo e s'incontrano quasi ogni notte nel giardino. E poi il loro cocco, Melanzio il capraio. È un giovane bruno, che si pavoneggia con la sua barba nera e gli occhi stellanti. Si crede bellissimo, danza in mezzo ai pretendenti piroettando, loro lo applaudono e ridono, lui intanto lancia occhiate vogliose alle servette.

– Un capraio davvero garbato, – sorride Ulisse. – Metteremo alla prova anche lui.

Poi prosegue.

– Eumeo lo potremo usare per coprirci i fianchi: spesso ho visto uomini colpiti perché non si accorgevano di avere un nemico di lato. Quando affronti qualcuno faccia a faccia devi essere sicuro di non ricevere colpi da dove non ti aspetti. C'è qualcun altro che potrà aiutarci?

– Filezio, il mandriano. Ho sentito molte volte lui ed Eumeo mentre maledicevano i pretendenti.

– Dunque, siamo in quattro. Basteremo, credimi.

Euriclea esce con alcuni pezzi di carne che ha sfilacciato con le mani. Anche oggi li porta al cane. Non ha quasi nemmeno piú la forza di alzarsi, quell'animale, striscia zoppicando verso la carne, quando la nutrice gliela getta, e poi di nuovo si lascia cadere su un mucchio di paglia. È pieno di zecche, ormai non vale nemmeno piú la pena di toglierglìele. Ha gli occhi semichiusi e quando li apre esprimono una tristezza infinita. Argo l'aveva chiamato Ulisse, cioè «il veloce». Uscivano insieme a cacciare ma da quando è partito nessuno l'ha condotto piú sui monti. Però è trattato bene in ricordo del padrone e invecchia cosí, malinconico, in disparte dagli altri cani. Nessuno l'ha piú visto scodinzolare da allora. Quando sono arrivati i pretendenti è uscito dalla reggia e non ha piú voluto rientrarci. Ma Telemaco ed Euriclea hanno continuato a nutrirlo. Gli uomini possono piangere e parlare delle proprie sventure, gli animali no. Ma se li guardi negli occhi capisci tutto quello che passa nella loro anima. Perché un'anima ce l'hanno, anche se diversa da quella di noi umani.

Cosí pensa Euriclea, e pensa che lei davvero è la nutrice di tutti: ha allevato Ulisse, tanti anni fa, poi Telemaco e ora si occupa anche di questo cane. Anch'io diventerò come lui, pensa, e non avrò nessuno che mi porti la carne e il pane alla bocca.

Rientrando nella reggia vede comparire sulla strada polverosa il porcaro insieme a un vecchio cencioso che si appoggia al suo bastone da mendicante. Ogni tanto qualcuno di questi disgraziati si presenta alla porta della reggia, com'è naturale. Stranieri girovaghi che vengono a raccattare un po' di cibo e a volte rimediano qualche vecchio mantello bucato; raccontano le loro storie pietose, vere o false che siano, e immancabilmente dicono di avere incontrato Ulisse da qualche parte nel mondo. La miseria è la cosa piú orribile, abbrutisce chiunque. Le pare strano però che questo si presenti insieme a Eumeo, il quale sta conducendo un maiale ben grasso legato al collo con una corda, che ogni tanto strattona perché ha visto qualche cosa in terra da ingurgitare.

Si fermano davanti al cane disteso. Magrissimo, si vedono le sue costole alzarsi e abbassarsi lentamente a ogni respiro. Il mendicante scambia qualche parola con Eumeo e poi il porcaro si avvia a portare il suo maiale in cucina. Il vecchio si china sul cane e lo accarezza. Ed ecco, una cosa incredibile: Argo tenta di sollevarsi ma poi ricade, e muove un poco la coda come se volesse fargli festa e gli lecca la mano che lo sta ancora accarezzando, drizza per un istante le orecchie come se volesse sentire il suo nome per l'ultima volta. Poi, il movimento delle costole si ferma.

Lo straniero si copre il volto con le mani e da sotto sboccia una lacrima, Euriclea la vede colare sulle guance rugose. Ha visto nella sventura del cane la sua stessa sventura. Vecchio, esule, mendicante. Che vita lo aspetta? Forse Argo è stato piú fortunato. Occorre dire ai servi di seppellirlo, non sta bene che il cane del re finisca roso dai corvi. È un giorno triste oggi, un'altra parte di Ulisse finisce. Euriclea sente il peso della vita gravare sul suo vecchio cuore.

Però Telemaco è tornato a casa sano e salvo, poche ore fa; ha già riabbracciato la madre. Ma è una calma apparente, Euriclea lo capisce bene. Sono tornati tutti i pretendenti, anche Antinoo ed Eurimaco, i caporioni; oggi sono ancora piú arroganti del solito, si vede che nascondono a stento la loro irritazione. Hanno fallito il colpo con Telemaco, lo sanno tutti anche se nessuno ha il coraggio di dirlo apertamente. Tra poco dovrà esserci una resa dei conti in qualche modo.

Dalla sala si odono le risate dei pretendenti. Alcuni stanno arrivando e si sente il rumore di ruote di carri.

Eumeo esce dalla cucina, il maiale è stato già macellato, e non ha avuto neppure il tempo di stridere perché il porcaro conosce bene il suo mestiere. Potesse tagliare la gola di Antinoo nello stesso modo!

– Chi è, Eumeo, – gli dice Euriclea, – il vecchio che ti accompagnava? Sembra un uomo estenuato dalla vita.

– Un mendicante, sí, – risponde Eumeo, – viene da Creta. È arrivato alla mia capanna e io l'ho ospitato. Lui mi ha ricambiato riempiendomi la testa di racconti. Sa chiacchierare bene quell'uomo, di sicuro.

– Ti avrà detto di avere incontrato Ulisse.

– Certo, dicono tutti cosí gli accattoni che approdano a Itaca. Ora è arrivato qui per mendicare, anche se l'ho sconsigliato di venire nella reggia, ma lui ha insistito: dove ci sono uomini ricchi, un mendicante deve andare a chiedere. Ma sono troppo arroganti, quei giovani, non hanno rispetto per la sventura. È gente che della vita ha visto solo il lato gioioso, non hanno conosciuto la sofferenza e il dolore, non si curano degli dèi che proteggono i poveri e gli stranieri. Per questo so che finiranno male.

– Oggi sono ancora piú cattivi del solito, – dice Euriclea. – Non vorrei che quel poveraccio fosse bastonato e trascinato per i piedi fuori dalla reggia.

Eumeo tace per un momento, e intanto come per caso fissa il suo coltello ancora macchiato del sangue del maiale.

– Venendo ho incontrato l'amico di questa gentaglia, Melanzio il capraio, insieme al suo servo. Si illude di diventare il loro uomo di fiducia ed è disposto a fare di tutto per compiacerli, quel verme. Laerte non doveva comprarlo, era maligno e falso sin da ragazzo, non avrebbe dovuto affidargli le sue capre.

Ci ha visto e ha cominciato a insultarci. È uno che va fiero della sua barba e dei suoi occhi brillanti, si crede il piú bello di tutti. Ecco un villano che conduce un altro villano, ha detto. Dove porti questo straccione che vive logorandosi le spalle contro gli stipiti delle porte a chiedere tozzi di pane e subisce le beffe e i colpi della gente pur di riempirsi la pancia? Fallo venire da me, si guadagnerà il cibo spalando il letame oppure gettiamolo su una nave e vendiamolo da qualche parte. Che sparisca di qui e vada a raggiungere Ulisse, poi se ne vada alla malora anche Telemaco. Quando gli è passato accanto ha allungato un calcio al mendicante. Il vecchio non ha detto niente, ma io mi sono slanciato col bastone in alto e stavo per spaccargli la testa; lo straniero mi ha fermato con un cenno, Melanzio ha fatto un salto indietro. Poi ha ricominciato a beffarci da lontano, e intanto si affrettava verso la reggia, dai suoi protettori. Verrà una sera che lo coglierò da solo.

Eumeo parla a voce bassa e continua a guardare il coltello, ma si avverte una forza terribile nelle sue parole.

Intanto il mendicante entra nella reggia passando vicino a loro, e getta un'occhiata a Euriclea. Lei resta colpita dal suo sguardo vivo, non sembra quello di un girovago devastato dalla vita. Come in un lampo, le viene in mente qualcuno, ma preferisce tacere e china la testa. Una striscia di sole illumina i suoi capelli bianchi e disegna un bordo dorato sulla soglia della casa.

«È entrato nella sala un orribile vecchio, cencioso, zoppicante, sembrava l'immagine della miseria. Alcuni dei ragazzi che erano con noi, a corteggiarci, gli hanno gettato uno sguardo divertito; Antinoo mi ha regalato un piccolo bracciale, l'ultima volta che ci siamo incontrati nel giardino, e lo stavo mostrando alle mie amiche proprio quando è entrato quel malaugurio. Mi ha irritata.

Mi ha detto Antinoo che questo bracciale viene da Icmalio, il migliore *demioerghós* di quest'isola; un lavoratore del popolo bravo a cesellare. Ha fatto una testa di ariete, il mio segno celeste. La prossima volta mi darà un bracciale col segno del centauro, il suo, e potrò esibirlo sul braccio sinistro. Lo farò vedere, mostrandolo anche a Penelope; anche le serve hanno diritto di possedere regali, nessuno glieli può togliere. Per fortuna ci sono i *demioergói* a rendere bella la vita: uomini liberi, cercati da tutti, che non usano armi e non fanno i superbi, ma hanno nelle mani le arti di Efesto, il piú amabile degli dèi. Orefici, artisti, scultori, pittori, bronzisti, vasai con la loro bravura nel creare forme e decorarle, e poi poeti e cantori che ci allietano le sere. Ci sono specie di *demioergói* meno adatti a compiere belle opere come queste, ma ugualmente utili: indovini, profeti, interpreti di sogni, gente un po' inquietante. Sono persone che creano cose belle per rendere piacevoli i nostri giorni, e senza un animo disposto al piacere non c'è amore. Le fatiche di casa le lascio volentieri ad altre.

Ho denunciato ai pretendenti che Penelope disfaceva la tela durante la notte: l'ho fatto per farmi notare da Antinoo, e lui mi ha notata, eccome! Penelope si è molto adirata con me, e da allora mi rivolge solo parole aspre, ma io ho ottenuto quello che volevo. Lei mi ha allevata, è vero, ma ora sono adulta e voglio vivere anch'io. Antinoo è il primo uomo che mi ha avuta, la sera in cui mi ha guardato con occhi pieni di desiderio, e ha fatto cenno di uscire nel giardino. Vicino alla fontana, mi ha sfilato la veste, ha gettato a terra il suo mantello e mi ha distesa lí sopra. Quando sono tra le sue braccia sento un profumo inebriante di bosco e di mare, accarezzo la sua pelle ed è liscia come la mia, quando mi bacia spero che non finisca mai. Il suo corpo mi piace, e a lui il mio.

Che se ne farà lui di quella vecchia? Certo, è la regina. Ma Antinoo non punta a lei, vuole il trono e la casa di Ulisse. Ma vuole anche me, lo so. Mi libererà, avrò una mia casa dove aspettarlo senza essere controllata, forse dei bambini da lui. Euriclea, quella vecchiaccia orribile, ho fatto di tutto per rendergliela odiosa, e ci sono riuscita.

Mi ha sempre detestata perché sono giovane e bella, non una vecchia inacidita come lei che non ha mai conosciuto l'amore ed è avvizzita solitaria, come un frutto non colto sul ramo; io invece rido con gioia e mi piace danzare. Un giorno mi fece punire con la scusa che avevo riso troppo forte e non avevo tenuto gli occhi bassi davanti a un giovane. Mi hanno trascinata nella stanza delle ancelle, mi hanno disteso su una tavola tenendomi le braccia. Qualcuno mi ha sollevato la veste sopra la testa e quella vecchiaccia di sua mano mi ha frustata con una verga di salice. Non sono riuscita a non gridare. Per dispetto qualche giorno dopo ho riso ancora piú forte, e anche quella volta mi aspettava la verga di salice. Ma quando ha capito che Antinoo mi proteggeva ha smesso di frustarmi e ha fatto finta di non vedere. Antinoo glielo ha sussurrato all'orecchio: toccala un'altra volta e ti scanno, le ha detto. Gliele restituirò un giorno quelle vergate, anche se è decrepita e ora mi fa dei gran sorrisi.

La grande sala della reggia, il *mégaron*, brulica di gente. I servi tagliano la carne e portano i vassoi pieni di carne e di pane ancora caldo di forno; altri fanno il giro delle coppe. Il cantore Femio vicino a una colonna sta accordando la cetra. Brusio, risate. Il vecchio pitocco sta facendo la questua con una ciotola in mano, si ferma davanti a ognuno, pregandolo con parole dolci, fa ridere tutti perché ha la parlantina sciolta. Gli gettano un pezzo di pane o un avanzo di carne. In un angolo Melanzio fa smorfie, si capisce che non aspetta altro che il cenno di qualcuno per cacciarlo via a calci. Anche Melanzio ogni tanto mi guarda con occhi luminosi, e ha la barba curata, unta d'olio, non sembra neppure un capraio; ma sta attento, perché teme che Antinoo lo veda. In disparte siede anche il porcaro con una coppa di vino in mano, lui invece mi intimidisce, è brusco, sgarbato, non parla mai, un altro vecchio noioso, si capisce che disapprova quello che sta succedendo nella reggia. Ma noi siamo giovani, belli, amiamo la vita, ridere, danzare, è tutto cosí breve. In un attimo appassisci come il fiore del mattino. Come non essere lieti? Perché non amare?

Ora il mendicante è davanti ad Antinoo. Ci sarà da divertirsi, lui detesta gli straccioni e oggi è anche di cattivo umore.

Davvero sciocco quel pezzente che non passa oltre a testa bassa e non conosce l'orgoglio di Antinoo! Ha l'ardire di squadrarlo negli occhi e dirgli a voce alta che sembra solo nobile all'apparenza, ma non lo è, se scaccia un mendicante mandato da Zeus. Gli dice che gli dèi spingono il destino ora in alto ora in basso, badi che un giorno non debba toccare anche a lui. E gli chiede ancora un pezzo di pane, accusandolo di banchettare in casa d'altri, con roba nemmeno sua.

Poi si volta a implorare altro cibo. In un istante Antinoo afferra lo sgabello dove posa i piedi, lo scaglia con violenza contro la schiena del mendicante, e grida: questo è per le tue chiacchiere, imbroglione, per insegnarti come deve parlare un pezzente come te. Mi aspettavo di vederlo ruzzolare a terra come una mela marcia e invece non si è neppure mosso, lo sgabello è rimbalzato lontano. Si vede che è allenato a prendere colpi, lo straccione. Non ha detto niente, ha solo scosso la testa.

C'è stata una grande confusione, molti se la sono presa con Antinoo e gli hanno urlato che era un'azione ignobile e vile percuotere un mendicante in cerca solo di un tozzo di pane. Ho visto Eumeo digrignare i denti e Telemaco impallidire; per forza, non è bello vedere queste cose in casa propria, lo capisco. Ma Antinoo si cura poco degli altri; si è voltato verso di me e mi ha sorriso, con i suoi denti bianchissimi.

Poi è entrata Penelope e il clamore si è smorzato. Questa volta non ho potuto fare a meno di ammirarla, mio malgrado; in genere vado a cercare i fili bianchi tra i suoi capelli, qualche ruga sotto gli occhi. Ma ora non ne ho visti, se li sarà fatti strappare. Sembrava che qualche dea le avesse restituito la grazia della giovinezza; certo, è una regina e in certi momenti mi sembra troppo in alto per me. Pensare che Antinoo la sposerà e che è attirato da lei mi procura delle pugnalate all'anima. Ma no, sono sicura, ad Antinoo piaccio io, corteggia lei solo per prendere il potere di Ulisse. Una donna cosí superba nessuno la vorrebbe; si capisce che pensa che noi di Itaca siamo gente da nulla.

È arrivata sino al centro della sala e ha parlato con voce irata e altera a suo figlio Telemaco, perché aveva permesso che un supplice mandato dagli dèi fosse offeso nella sua casa. E poi ha accusato i pretendenti di essere arroganti e ingiusti dicendo che tra gli Achei si sarebbe diffusa la loro cattiva fama e sarebbero stati disonorati.

Eurimaco ha provato a buttarla sullo scherzo galante vezzeggiando la regina, dicendole che di pretendenti ne avrebbe molto di piú se tutti la vedessero bella come è ora. Ma Penelope non ha sorriso, non è una che ama scherzare, l'ho sempre vista triste, anche se, devo dirlo con dispiacere, oggi ha qualcosa di speciale. Dopodiché ha annunciato che il momento è giunto, Telemaco è un uomo, ha anche fatto il suo primo viaggio, è tempo che si risposi. Ma presso gli Achei c'è una regola: quando un giovane corteggia una donna per sposarla, è lui che porta doni alla famiglia della sposa, e buoi e pecore per i banchetti. I pretendenti avrebbero dovuto smetterla di prosciugare le ricchezze di Telemaco e portarle dei doni.

Antinoo le ha dato ragione. Tutti sono stati d'accordo con lui e ognuno ha mandato l'araldo a prendere doni da casa per offrirli a Penelope. Altri beni da accumulare nel tesoro di questa reggia, non ce n'è un'altra altrettanto ricca in tutta Itaca; anche Laerte è stato bravo ad accumulare ricchezze, avaro com'era.

Subito dopo Telemaco si è alzato e ha detto alla madre di tornarsene nella sua stanza, che spettava a lui adesso governare la casa. È la prima volta che sento Telemaco rivolgersi cosí a Penelope; anche lei ha fatto una faccia stupita ma è salita in silenzio nella sua stanza.

Ecco, dovrà decidersi. Le conviene scegliere Antinoo, e lo sa: lui non accetterà che un altro divenga re su quest'isola, è disposto a uccidere, me lo ha detto molte volte.

Tutti sono tornati a bere. In un angolo della sala ho visto Telemaco, Eumeo e lo straccione seduti vicino. Il vecchio ha sorriso, forse pregustando gli avanzi del banchetto nuziale».

Penelope è sola nella sua stanza, le voci e i suoni ora le arrivano attutiti dal *mégaron*. Sente della musica: è Femio, che sta suonando la sua cetra. Non canta gesta di eroi, perché sa che questo argomento è sgradito alla sposa di un uomo che non è tornato. Sono brevi canzoni d'amore, di banchetti, di momenti della vita, di sentimenti. È bravo a inventarne ogni volta di nuove e continuamente il pubblico vuole risentirle.

«E cosí ora mi colmeranno di doni. E io non sceglierò nessuno, dirò che sono tutti belli e che sono incerta; cosí me ne porteranno altri. Ma non sono i doni che m'interessano. In questi giorni piango molto, non so perché, e la memoria di Ulisse viene a tormentarmi piú del solito. Telemaco è tornato, mi ha abbracciata, ma è stato sfuggente e non ha voluto raccontare quasi nulla.

Perché non si possono cancellare i ricordi lontani? I sogni li dimentichi presto anche se ti compaiono la notte stessa, ma i ricordi di tanti anni fa restano. Ritornano quando stai facendo una cosa qualsiasi, e sono come una stilettata che ti attraversa la mente. Ricordo i giorni in cui non era nemmeno nato Telemaco, e io seguivo Ulisse sulle colline di Itaca, a vedere i nostri uliveti e le nostre vigne. Con quanto amore strappava le foglie avvizzite! Sembrava che non mi vedesse nemmeno, eppure capivo che voleva che ci fossi anch'io con lui. A volte andavamo in barca insieme, aveva un piccolo battello per navigare sotto costa e raggiungere le zone piú remote dell'isola, dove aveva vigneti; lo conduceva lui, a volte aveva due o tre uomini al seguito, a volte eravamo solo noi, a meno che il suo cane non saltasse nella barca e si mettesse a guardare verso prua. Gente senza cerimonie, a Itaca. Mai mia cugina Elena sarebbe uscita senza un corteo di ancelle e una scorta di cavalli. Io invece amavo, in quei giorni, accompagnare Ulisse sulla barca e non c'era pericolo; però portava sempre una lancia e uno scudo gettati sul fondo. Incontravamo pescatori e marinai e quelli salutavano il loro re, erano contenti che fosse simile a loro, capace di tendere una scotta e reggere un timone.

Abbiamo visto molti angoli solitari di Itaca. Ricordo che una volta, ed eravamo solo noi, ha ormeggiato la barca vicino a una caletta rocciosa e si è tuffato. Poi si è arrampicato sullo scoglio e si è messo a fissare il mare, come sempre faceva lui, con lo sguardo incollato alla distesa azzurra, come se volesse vedere oltre l'orizzonte.

Allora mi sono tolta la veste e mi sono tuffata anch'io: noi ragazze di Sparta siamo state allenate a correre e nuotare. Lui ha fatto un viso meravigliato, ma non era la prima volta che lo stupivo. L'ho raggiunto sulla roccia e siamo rimasti a guardare il mare senza una parola sinché il sole è arrivato vicino al tramonto e il mare sembrava infiammato. Siamo discesi e lí, sulla spiaggia, dove finisce l'onda, tra la terra e il mare, ci siamo abbracciati; sul fianco sentivo la carezza dell'acqua che si rompeva lieve sulla spiaggia, e le mani di Ulisse sul mio corpo bagnato. Fu quella volta, credo, che concepimmo Telemaco.

Questi momenti mi tornano di continuo in mente, e nel cuore ho il rimpianto che siano stati troppo pochi e passati. Se gli dèi potessero restituirmi qualcuno di quegli attimi! Invece no, stanno solo nella mia memoria, e quando sarò morta quelle emozioni moriranno anche loro, non ci potrà mai essere nessuno che le ricorderà. Quante cose ingoia la morte! Non solo i corpi ma, peggio di tutto, gli istanti, i ricordi e le emozioni che ognuno ha vissuto attimo per attimo e sono solo suoi, e svaniranno nel nulla. Il corpo è uno soltanto, le emozioni innumerevoli e tutte andranno perdute. Forse c'è un luogo anche per queste cose, non è possibile che ricordi cosí vivi da sembrarti veri scompaiano come soffi di vento. Solo i poeti sanno fermarne alcuni; io ho cercato di mettere le mie sensazioni sulla tela, ma quando le racconti o le tessi sono diverse, non potrai mai trasmetterle cosí come sono comparse nel tuo cuore.

Devo trovare il modo di ingannarli ancora. Questa notte ho sognato Ulisse col suo arco, e il sogno mi ha fatto venire un'idea. Lui si esercitava con l'arco e una fila di scuri, aveva la mano ferma e non sbagliava mai. Non è possibile che questi rammolliti ce la facciano, sarà un altro modo per tenerli a distanza».

Fuori si sentono ancora urla e risate. Oggi sembra che siano ancora piú smodati del solito, come se nell'aria ci fosse qualcosa che li eccita. Quel vecchio mendicante ha acceso la loro cattiveria. Penelope vorrebbe scendere a vedere che succede ora, ma capisce che è meglio stare in disparte. Da dietro la tenda osserva il cortile, da dove si alzano le risate.

Un gruppo di gente sta aizzando il pitocco che viene a mendicare spesso nella reggia. È grande e grosso, con una faccia truce e piena di tagli, lo soprannominano Iro. A forza di pugni e minacce ha allontanato dalla reggia gli altri mendicanti e si è acquisito il diritto di venirci solo lui. Ora però, arrivando, ha trovato un concorrente ed è furibondo. Attorno ai due, i pretendenti ridono sguaiatamente e incitano Iro a picchiare il vecchio straniero, un uomo indifeso che cerca solo qualcosa da mangiare, deriso, umiliato. L'ultimo anello di una catena di vittime della prepotenza di chi si sente al di là di ogni regola.

Iro rotea gli occhi, digrigna i denti, sembra la caricatura di un guerriero che affronta il nemico; fa lo spaccone. – Vattene, vecchio, non mi va l'idea di picchiarti. Ma se non sparisci subito ti concio male. Non vedi che tutti mi fanno cenno e vogliono che ti massacri? Ma io non me la sento di maltrattare un vecchietto.

E l'altro risponde: – Non faccio niente di male, siamo due vagabondi provati dalla vita. C'è spazio per due, qui i bocconi di carne non mancano. Ma non provocarmi, stai attento che sebbene vecchio potrei farti molto male. Allora non credo che domani torneresti a mendicare su questa soglia.

Iro alza la voce ancora di piú: – Ma come le spara questo trippone, sembra una vecchia fornaia che urla al mercato. Stai attento che non ti strappi via tutti i denti, come si fa con una scrofa che divora il raccolto, cosí mangerai solo pappine.

Ridono tutti. Antinoo è il piú allegro: – Che occasione meravigliosa, – dice, – non ne avremo mai un'altra simile! Facciamo lottare i due pitocchi, sarà uno spettacolo divertente.

Un altro, un tipo grasso e irsuto, propone: – Sul fuoco stanno rosolando delle belle salsicce piene di grasso. Chi dei due vincerà potrà prendere quella che vuole.

Il vecchio ribatte. – Accetto la sfida. Ma voi promettete che nessuno aiuterà Iro e mi colpirà alle spalle.

Promettono, qualcuno arriva pomposamente a giurare in nome degli dèi, per scherzo. Telemaco sta in disparte e stringe in mano una lancia.

Uno spettacolo volgare. Anche gli atleti combattono tra loro a pugni, a Sparta accade molte volte, ma questa è una sfida tra poveracci, degna della gentaglia che abita Itaca e di questi ragazzotti senza onore e vergogna. Non si accorgono neppure di quanto sia infame ciò che stanno facendo.

La salsiccia è tolta dalla griglia e posta sopra un vassoio. Ora i pitocchi si spogliano per la lotta, arrotolando i loro cenci sui fianchi. Penelope osserva con sorpresa che il vecchio ha le spalle e i fianchi robusti e i suoi muscoli non sembrano proprio quelli di un anziano. Anche Iro li vede e impallidisce.

Vorrebbe sgusciare via, ora, ma lo fermano e lo costringono a voltarsi. Antinoo sibila: – Davvero sei un verme, tu che hai paura di un vecchio! Stai attento che se perdi ti venderemo oltremare al re Echeto, il flagello degli uomini, quello che agli schiavi taglia naso e orecchie, e strappa i genitali per darli in pasto ai cani, poi li fa lavorare nei campi con le catene ai piedi. Non potrai piú riempirti la pancia accattando nelle case degli altri.

A Iro tremano le ginocchia ancora di piú, la faccia è verde di paura. Però non c'è scelta. Si mette di fronte al suo rivale e gli tira un pugno, a casaccio; l'altro schiva, si sposta di un passo e fa partire il suo, giusto sulla faccia. Si sente un rumore di carne rotta e di ossa spezzate, Iro piomba a terra gemendo, e sputa i denti in mezzo a un fiotto di sangue.

I pretendenti sghignazzano intorno a quel corpo enorme disteso nella polvere, alcuni lo toccano con il piede per dileggio. Iro scalcia debolmente. Il vecchio lo trascina semisvenuto sino alla porta esterna della reggia e lo appoggia al muro. Gli mette un bastone in mano dicendogli: – Resta qui, ora, a cacciare via cani e maiali.

Poi rientra nella sala. Prima però si ferma davanti al vassoio con la salsiccia e la butta a terra perché la mangino i cani.

Quel vecchio non è uno dei soliti vagabondi, a quanto pare.

Penelope, che ha visto tutto dalla sua stanza, chiama

Euriclea: – Voglio conoscere lo straniero, – dice, – fagli lavare i piedi e poi fallo salire da me. Anzi no, lavalo tu di persona e fallo salire piú tardi, quando tutti saranno andati a casa. Mi incuriosisce, non sembra un vecchio pitocco.

Sotto intanto ancora risa e urla. In mezzo agli schiamazzi il veggente Teoclimèno, che Telemaco aveva condotto da Pilo ed era ospite a banchetto, si alza con occhi spiritati e grida: – Vedo sangue sulle pareti e fantasmi che affollano l'atrio. Questo è un luogo di morte –. E corre via.

I pretendenti iniziano a sghignazzare, ma il loro è un riso strano, stralunato, convulso, come se avessero perso la ragione; non riescono a contenersi, sembrano folli.

Eurimaco ubriaco scaglia uno sgabello contro lo straniero, ma sbaglia mira e lo sgabello schiaccia la mano di un coppiere. Le voci salgono di tono, si sente Telemaco che grida contro qualcuno. Poi la rissa si placa e si ode il passo di gente che esce. A gruppetti, i pretendenti cominciano a sfollare verso le loro case. A domani, si dicono. E Penelope spera davvero che quella sia la loro ultima sera.

Intanto Euriclea ha fatto portare un bacile davanti allo sgabello su cui il mendicante è seduto in un angolo della sala, avviluppato nei suoi stracci. Le serve stanno ripulendo; portano via gli avanzi di cibo, lavano il pavimento, raccolgono coppe e vassoi. C'è un gran tramestio, i rumori di ogni sera quando finisce il giorno.

Alcune gettano occhiate impazienti allo straniero; preferirebbero non avere testimoni, quando tra poco la notte calerà e qualcuno le aspetterà in un angolo del giardino. Alla fine della giornata Euriclea le raduna nella stanza delle ancelle, ma di lí è facile sgusciare via quando la vecchia dorme e russa.

– Sei ancora qui a guardare le donne e dare fastidio? – sbotta Melantò, a cui quel vecchio piace sempre meno. – Vattene a dormire sotto un albero o in un orcio rotto, come fanno tutti i tuoi pari oppure accucciati in un angolino del portico e stai zitto. Vuole anche farsi lavare i piedi, il pezzente!

Questa volta il vecchio sembra davvero adirato.

– Taci, cagna, – grida, – o lo dirò a Telemaco che verrà e ti farà a pezzi. Sono ospite suo.

Le ragazze scappano via spaventate; la notte è calata dopo un freddo tramonto, i bracieri cominciano ad ardere.

Euriclea si avvicina allo straniero con due brocche piene. Il bacile è riempito, il vecchio affonda i piedi dentro l'acqua tiepida. Ma improvvisamente sussulta e si stringe addosso i cenci come se volesse coprirsi. Non è piú abituato a farsi lavare da una donna, pensa Euriclea. E mentre s'inginocchia davanti a lui e gli versa acqua sui piedi e sulle gambe il vecchio si stringe ancora di piú su se stesso; proprio in quel momento Euriclea, insinuandosi sotto i cenci per lavargli almeno le cosce, sente la cicatrice con i polpastrelli. Si alza d'improvviso, come se la forza della giovinezza fosse tornata nelle sue vecchie membra, il bacile si rovescia, l'acqua comincia a strisciare sul pavimento. Quella è la cicatrice di Ulisse, non può sbagliarsi, l'ha vista e toccata decine di volte!

Sta per uscirle un urlo di gioia, ma una mano possente le afferra la gola e soffoca il suo grido.

– Zitta, nutrice, o dovrò ucciderti! – dice una voce

che lei ora riconosce. – Nessuno deve sapere che sono in questa casa, neppure Penelope; solo Telemaco sa. Non voglio rivelarmi prima che sia giunto il momento. Pochi conoscono la storia di questa cicatrice, ormai, qui a Itaca. Tu non mi tradire o sarà peggio per te.

Quella cicatrice è il suo marchio, se l'è portata sul corpo per tutta una vita, ed è il ricordo ricurvo della zanna di un cinghiale.

Era accaduto molti anni prima, quando Ulisse era poco piú che un ragazzo. Allora fu mandato sul continente, sotto il monte Parnaso, dal nonno materno Autòlico per completare la sua iniziazione di giovane uomo.

Autòlico era il piú famoso ladro e razziatore della regione. Lo dicevano persino figlio di Hermes, tanto era scaltro e dedito al furto. Poteva anche spergiurare senza che gli dèi lo punissero perché conosceva le formule segrete per rendere vani i giuramenti. Conosceva arti antiche, di quando l'umanità viveva sui monti e nei boschi e non esistevano le città; gliele avevano insegnate i suoi avi, segreti che si trasmettevano di generazione in generazione, quando ogni famiglia era nemica dell'altra e vivere significava uccidere e rubare, o essere uccisi con la moglie e i figli. Il suo clan era il piú forte di quelle montagne; comprendeva figli, cugini, nipoti con le loro mogli e i figli. E Autòlico comandava su tutti. Una famiglia che nessuno osava offendere. Era un uomo selvaggio come il suo nome, «il vero lupo». Lupi, cinghiali, cervi erano i suoi simili; e attorno a lui i monti erano pieni di pastori da predare e pecore da razziare. Raramente uccideva, perché in onore del suo protettore Hermes preferiva ingannare e rubare. La scaltrezza è migliore della violenza, meglio non circondarsi dei fantasmi di uomini uccisi che avrebbero portato il malaugurio intorno a sé. Era cosí scaltro nel nascondersi e tendere imboscate che si favoleggiava che potesse rendersi invisibile.

Quest'uomo selvaggio diede in sposa sua figlia Anticlea al ricco Laerte re di Itaca. Di tanto in tanto andava a trovarla e portava in dono pecore e capre, animali razziati: un modo per nascondere lontano l'oggetto dei suoi furti. Ed era stato lui a dare il nome a Ulisse, quando era andato a Itaca per conoscere il nipote nato da poco; Anticlea e Laerte gli avevano chiesto di farlo essendo lui mezzo brigante e mezzo sciamano, e avendo quindi i poteri per renderlo utile. Un nome infatti non è mai solo un nome, ma è parte del destino di chi lo porta. Cosí gli posero il piccolo sulle ginocchia e gli chiesero di chiamarlo per la prima volta col nome con cui sarebbe stato chiamato sempre. Autòlico pensò alcuni istanti e poi disse che l'avrebbe chiamato Ulisse, perché lui si era fatto molto odiare e temere con le sue imprese (*olyssámenos*, disse nel dialetto del suo paese, anziché *odyssámenos* come pronunciavano i piú).

Quando Ulisse andò a trovare il nonno fu dunque molto bene accolto dalla famiglia. Autòlico lo ospitò per dodici giorni e ogni giorno offriva un banchetto in suo onore. Durante il banchetto raccontava le sue avventure perché Ulisse imparasse come s'ingannano i nemici; i suoi cugini, i nipoti di Autòlico, lo addestravano sul modo di preparare imboscate. Gli insegnarono come appoggiare a terra l'orecchio per sentire passi lontani di uomini e animali, il modo di mascherarsi tra le foglie impiastricciandosi il viso con la terra, il modo di fare segni con le mani a un compagno d'imboscata senza usare la voce, il modo di distinguere se un'orma è vecchia o recente, come mettersi contro il vento per percepire gli odori, come distinguere le piante utili da quelle velenose con cui si può ungere la punta di una freccia, come imitare la voce di un animale e distinguere se un richiamo che esce dal folto degli alberi è vero o finto, e tante altre cose ancora. Uscivano all'alba e tornavano al tramonto, sporchi di terra e di bosco. Le ancelle li lavavano e poi Autòlico li riceveva per il banchetto, con un bel mantello rosso, e tutti indossavano vesti fresche e pulite.

Alla dodicesima sera parlò rivolgendosi a Ulisse e dicendogli che il giorno dopo sarebbe salito sul monte insieme ai suoi figli e sarebbe potuto tornare solo con in mano la pelle di un animale selvaggio, un lupo o un cinghiale, che doveva abbattere con le sue mani.

Il giorno seguente, prima dell'alba, Ulisse e i figli di Autòlico partirono per la montagna, insieme ai cani. Camminavano inerpicandosi tra i boschi e i rovi del Parnaso, su sentieri che conoscevano solo loro sinché arrivarono a una conca piena di alberi e cespugli. Il sole stava sorgendo a illuminare i campi, le foglie e le rocce avevano appena cambiato colore e si disegnavano con contorni piú netti. I cani si dispersero davanti ai cacciatori, fiutando tracce. Là, dentro un roveto fittissimo, si nascondeva un enorme cinghiale, in una tana dove non penetrava mai né pioggia né sole, sotto un gran mucchio di foglie. I cani sentirono l'usta e circondarono il roveto abbaiando. Subito il cinghiale balzò fuori con le setole irte, gli occhi infuocati d'ira, le bianche zanne lunghissime, la testa bassa pronta a usarle.

Con un colpo di zanna squarciò la pancia del cane piú vicino facendolo volare per aria. Caricò Ulisse con tutta la forza delle zampe e della sua mole. I figli di Autòlico gli avevano fatto spazio: toccava a lui colpire. Ulisse si avventò sul cinghiale con l'asta alzata, ma la bestia fu piú veloce: con un colpo di zanna lo ferí alla coscia sopra il ginocchio e gli strappò una striscia di carne. Un istante dopo volò la lancia di Ulisse: colpí il cinghiale sopra la spalla destra e la punta lo passò da parte a parte. La bestia fece ancora qualche passo rantolando e crollò morta.

Subito i figli di Autòlico si affollarono attorno a Ulisse; spalmarono sulla ferita erbe medicinali, la fasciarono stretta con ogni cura e poi cantarono l'*aoidé*, la cantilena magica per fermare il sangue, perché senza di questa ogni rimedio è vano.

Il cinghiale fu legato per le quattro zampe a un bastone, e portato a valle, enorme e irsuto, un peso immenso. Uno dei figli di Autòlico sorresse Ulisse che zoppicava. Arrivarono alla casa di Autòlico prima che fosse giorno pieno; il cinghiale fu scuoiato e la pelle fu data a Ulisse come trofeo. In quel giorno Ulisse versò il suo sangue per la prima volta e tornò a Itaca con la pelle del cinghiale e i molti doni che Autòlico e i suoi figli gli fecero per festeggiare il suo coraggio.

Questa è l'origine della cicatrice che riconosce Euriclea, e come lei la conoscono gli amici di Ulisse a cui aveva raccontato molte volte quell'avventura.

Quella cicatrice significa che l'uomo davanti a lei è senza dubbio Ulisse; gli occhi di Euriclea si riempiono di lacrime. La mano di Ulisse allenta la presa. La vecchia dice: – Figlio, non avere paura, sarò muta come una pietra. Ma tu stai attento che in questa reggia hai molti nemici.

– Lo so, – risponde Ulisse. – Perché mi dici questo? Ora finisci di lavarmi come se niente fosse e conducimi da Penelope. Ma continua a fingere finché non te lo dirò io. Domani arriverà la resa dei conti. Quando ti farò un cenno aiuterai Telemaco a bloccare tutte le uscite, poi radunerai le ancelle e andrai a chiuderti con loro nella loro stanza. Tutte. Nemmeno una deve essere libera di girare nella reggia, che non vada a chiedere aiuto in città.

– Cosí farò. E poi ti indicherò le ancelle che non ti sono state fedeli. Melantò...

– Non voglio sapere niente ora. Mi dirai quello che c'è da dire dopo. Voglio pensare solo alla vendetta.

Euriclea china il capo e va a prendere altra acqua. Dopo averlo lavato gli porta un mantello pulito e sale per avvisare Penelope che lo straniero sta arrivando.

La grande sala è deserta e silenziosa. Ulisse si avvia verso la scala. Da vent'anni non posa il piede su quei gradini. Alla base della ringhiera vede la testa di Hermes intagliata; l'aveva fatta fare un tempo Laerte, per favorire il sonno, perché Hermes è la guida dei sogni e il miglior compagno della notte. Il legno della testa è piú lucido di quello della ringhiera; Ulisse l'ha strofinata tante volte, sin da quando era un bambino. Hermes, il dio dell'inganno. Appoggia la mano sulla testa e la trattiene un momento. Non avrebbe mai pensato di ritrovare un angolo cosí intimo dei suoi ricordi, la testa che lo aspettava ogni sera quando andava a dormire. Domani sí avrebbe avuto bisogno di Hermes. Lascia la mano e inizia a salire lentamente le scale. In fondo, la sua parte è quella di un mendicante esausto dalla vita, non deve affrettarsi. Ma dentro di sé sente un'ansia difficile da contenere, eppure bisogna. Una sola rampa di scale ed è davanti alla porta di Penelope.

Si siede su uno sgabello nell'ombra, le racconta la solita storia del Cretese con le sue vicissitudini, si vanta di essere il fratello del re Idomeneo e di avere incontrato Ulisse a Creta tanti anni fa. Gli pare di averla affascinata, ma lei è imperscrutabile.

– Dicono che tutti i Cretesi siano bugiardi, – sorride Penelope. – Tanti accattoni mi hanno raccontato di avere visto Ulisse, ma quando ho chiesto come era vestito nessuno l'ha saputo dire. Lo chiedo anche a te: come era vestito Ulisse quando l'hai incontrato?

Per un attimo il mendicante pensa di mentirle, poi d'impulso racconta la verità: le descrive proprio l'abito e il gioiello con cui era partito da Itaca. Il gioiello lo aveva dato Penelope scegliendolo dal suo scrigno.

È vero, – dice Penelope e chiude gli occhi, forse una lacrima le scivola via da sotto le palpebre, ma il mendicante non riesce a vedere bene. Sono lontani, Penelope non ha voluto che si accostasse. Nell'ombra Euriclea ascolta e sembra di marmo.

– Puoi averlo saputo da qualcuno, – dice però subito dopo, – in tanti luoghi è stato Ulisse e quella era la sua veste piú bella, con cui ci si presenta ai re.

Ancora silenzio tra i due.

– Ti voglio raccontare un sogno che ho fatto, – dice alla fine Penelope. – Spesso voi mendicanti girovaghi siete adatti a interpretarli perché vedete le cose con occhio obliquo, come sono obliqui i sogni. Io ho dodici belle oche, che beccano cibo nella casa, e vicino c'è una fontana; e le ho sognate come se fossero vive. Uscivano in fila dalla fontana e sembravano contente. Ma d'improvviso piomba un'aquila e le rapisce una dopo l'altra portandole in cielo con i suoi artigli. Lo strano è che dopo avere rapito la prima le altre non si sono disperse o nascoste, ma continuavano a stare tranquille vicino alla fontana a beccare nell'erba, sinché l'aquila scendeva a ghermirne un'altra. Cosí le ha uccise tutte e io piangevo ed ero angosciata. Mi sono svegliata piangendo, il sogno era cosí vero che sono corsa a guardare dalla finestra. Le mie oche erano ancora lí, tranquille, e mi sono sentita meglio.

– È facile da spiegare questo sogno, – dice il mendicante. – L'aquila è Ulisse, le oche sono i tuoi pretendenti. Arriverà presto e li ucciderà tutti.

– Sono strani e ingannevoli i sogni, – risponde Penelope. – Ma ogni cosa che vediamo in fondo è strana, anch'io a volte non riesco a distinguere la realtà dalla finzione. Vedi quella tela? Tre anni l'ho tessuta, e ogni notte la disfacevo. Le figure che ho disfatto me le ricordo tutte, dietro ognuna di esse c'era la verità dei miei pensieri. Le figure me le ricordo, i pensieri no. Sono come i sogni, svaniscono anche loro insieme al momento in cui li hai pensati.

Come faccio a credere a quello che dici, e meno ancora a un sogno? Da vent'anni aspetto che torni, e tu non sai, vecchio, che cosa vuol dire aspettare. Significa vivere come se non avessi un braccio o una mano o una parte di te. Scendevo sulla spiaggia ogni giorno sperando che comparisse la sua nave, e poi l'ho aspettato nel pensiero, e poi ho aspettato immergendomi tutta in questa tela, e poi nei sogni. Niente. Tutta una vita ad aspettare. Non conosco altro modo di vivere che questo.

Se arrivasse Ulisse oggi, quello vero, non so che cosa farei. Mi troverebbe bella ancora, almeno un po'? E io ritroverei l'uomo che aspetto? Meglio sognarlo com'era, allora.

Poi tace e anche lui resta in silenzio.

– Sei uno strano mendicante, – riprende Penelope, – ti ho visto mentre lottavi, sembri uno abituato a combattere. Perché non ti sei spogliato come fanno tutti i pugilatori? Perché hai arrotolato i tuoi stracci sulle gambe?

– Cosí si usa da noi a Creta, mia regina, – risponde lui.

– Avevi qualcosa da nascondere in quella gamba? – Poi aggiunge frettolosamente. – Nessuno riuscirà a entrare nel mio letto. Questo corpo non voglio che sia di nessuno piú. Saprò deriderli come ho fatto per tanti anni. Anche loro aspettano, e nessuno davvero mi desidera. Come io non desidero nessuno, e non so se desidererei neppure Ulisse se mai tornasse. Preferisco ricordarlo all'alba della vita.

Lo guarda ancora.

– Nella dispensa c'è il suo arco. Non ho voluto che nessuno lo toccasse, nemmeno Telemaco. Domani lo farò portare e proporrò una gara ai pretendenti.

– Domani è la festa di Apollo, – dice il mendicante, – un giorno buono per gli arcieri.

Epilogo

Il giorno di Apollo

Il primo a morire è Antinoo, a cui Ulisse attraversa la gola con una freccia mentre sta bevendo da una coppa d'oro e ride; Telemaco subito dopo gli apre il ventre con la lancia mentre quello scalcia a terra e le sue budella sgusciano fuori come se avessero una vita loro, rendendo scivoloso il pavimento. Eurimaco tenta di placare Ulisse, promettendogli un risarcimento. Nemmeno se gli offrissero tutto quello che hanno accetterebbe. Apre la faretra e rovescia a terra tutte le frecce, con un tintinnio sinistro. E un istante dopo una freccia colpisce Eurimaco in un occhio inchiodandolo a una colonna di legno. Inizia cosí la strage.

Prima Penelope ha fatto portare l'arco in mezzo alla sala e ha ordinato di disporre dodici scuri allineate: Ulisse sapeva attraversare con una freccia gli anelli delle scuri e colpire il bersaglio; chi avrebbe saputo fare altrettanto sarebbe diventato suo marito. Poi è risalita. Nessuno dei pretendenti è riuscito nemmeno a tendere l'arco; quando è venuto il suo turno Antinoo ha incolpato Apollo arciere, festeggiato in quel giorno, è lui certo che impediva a tutti di tendere l'arco. Avrebbero riprovato l'indomani. Cosí l'arco è finito nelle mani del mendicante che ha proposto di provarci lui; a malincuore, come per uno scherzo di cattivo gusto, gliel'hanno permesso. Il vecchio ha teso l'arco, preso la mira, e la freccia sibilando ha attraversato gli anelli centrando il bersaglio. Di lí in poi Apollo gli avrebbe fornito altri bersagli.

Penelope durante la strage però cade in un sonno profondo, mandato da Atena. Sogna. Le pare di dormire e di essere svegliata da grida, d'un tratto ha la nitida percezione che Ulisse sia nella casa; si avvicina a una finestrella e vede tutto: i giovani che l'hanno corteggiata per tanti anni trafitti uno dopo l'altro, l'uomo che ha aspettato per tanti anni e suo figlio sporchi di sangue che feriscono e massacrano come macellai, urlando, un'immagine di violenza assoluta che non l'avrebbe mai abbandonata. Cosí uccidono gli uomini, pensa, e allora sono come animali. Ulisse è vestito come il mendicante che ha incontrato da poco, ma il suo viso è identico a quello di un tempo, quello che aveva sognato molte volte. A un certo punto i loro sguardi s'incontrano, lui tutto macchiato di sangue, ma gli occhi sembrano dolci; le parla, lei non riesce a capire che cosa dica, vuole parlare ma le parole non escono. Alla fine sente solo sussurrare: – il letto di ulivo... Poi il sogno svanisce e Penelope scivola nel nulla.

Melanzio, il capraio, che è andato cercare armi per i suoi amici, torna con una manciata di lance e scudi, correndo subito a prenderne altri. Ma Eumeo e Filezio, il mandriano a cui Ulisse si è rivelato poco prima, lo raggiungono, lo buttano a terra, legandolo per mani e piedi, poi l'appendono a una trave del tetto. Avrebbe avuto presto un appuntamento con la lama del coltello di Eumeo ancora sporca del sangue dei maiali.

I pretendenti fuggono con il terrore negli occhi, alcuni arrampicandosi sulle sbarre delle finestre come ragni, altri folli di paura scrollando le cancellate chiuse per forzarle, altri gettandosi ai piedi di Ulisse a chiedere invano pietà, altri ancora usando le tavole come scudi per dare addosso a Ulisse e raggiungere l'uscita, ma le frecce e le lance volano inesorabili in aria finché non sono tutti morti. Si salvano solo il cantore Femio e l'araldo Medonte, che sono stati costretti a servire i pretendenti contro voglia.

E cosí il giorno di Apollo finisce col sangue fresco che cola dalle vene, fuma dal pavimento, macchia le pareti, come ha previsto l'indovino: i corpi presi e ammonticchiati nel giardino, le ancelle infedeli impiccate e Melantò per prima che scalcia per aria con il cappio al collo. Una volta calato dalla trave, a Melanzio vengono recisi e gettati ai cani naso, orecchie e genitali; infine Eumeo col suo coltello esperto gli mozza mani e piedi e lo lascia a dissanguarsi. La morte dell'infame.

Accade tutto questo, in un giorno di sangue e di morte. Il giorno del ritorno di Ulisse non è gioia ma strage. Apollo è bellezza e crudeltà nello stesso tempo, e la sua festa è celebrata con vittime umane e non animali.

Accade poi ancora quello che deve accadere. Ulisse si presenta a Penelope con una veste pulita, la regina sembra non riconoscerlo, ma è cortese e propone di farlo dormire nell'atrio spostando giú una parte del letto. Il nostro letto è costruito sulle radici di un ulivo, le grida Ulisse. Quello è il segno segreto tra loro, nessun altro lo può conoscere. Penelope piange gettandosi tra le braccia di Ulisse. Si è chiesta molte volte come sarebbe stato, quel momento, e lo ha immaginato molte volte, ognuna in modo diverso. Ora le pare di essere penetrata oltre la parete del tempo: vede il suo Ulisse, gentile e amabile, con il quale ha condiviso la giovinezza, mescolato a questo nuovo Ulisse, un uomo maturo con il viso scavato dalla vita, quello che ha appena sognato con la veste insanguinata, e le due figure le appaiono infinitamente lontane. Ma l'emozione di sentire accanto a lei il suo odore di mare quella no, non si è affievolita, è rimasta prodigiosamente uguale dopo tanti anni, e questo la stupisce. L'uomo che le sta davanti le pare diverso, ma il suo odore la turba ancora. Ulisse la prende per mano e la porta sul loro letto, il loro letto di ulivo in cui i due sposi trovano la pace dopo l'amore. La luna è al culmine, e quella notte brilla luminosa sulle acque della baia lontana e sui due corpi abbracciati sul letto d'ulivo. Nel cielo, neppure una nuvola.

Anche il giorno dopo accade quello che deve accadere. Giungono le famiglie dei morti a raccogliere i corpi degli uccisi, a cui Filezio ed Eumeo hanno provveduto a togliere ogni gioiello e bracciale, e le vesti piú belle, come preda. Una processione di carri sale e scende dalla reggia, mentre si alzano pianti e gemiti. I corpi di quelli che erano arrivati dalle isole vicine sono imbarcati su navi e portati via. Ulisse raggiunge il campo dove si è ritirato Laerte. All'inizio anche con lui tenta di fingere, ma quando lo vede quasi svenire dopo avergli detto di aver visto Ulisse vivo ma in una terra lontana, gli si stringe il cuore, lo abbraccia e si rivela anche a lui. Ora il vecchio può morire in pace. Ulisse lo conduce nella reggia e gli fa indossare le vesti piú belle. Verranno le notti dei racconti, gli promette. Intanto dopo tanti anni Laerte siede a una mensa e gli viene servito il vino in una coppa d'oro.

Altre cose dovranno accadere. Ulisse si è vendicato, ma i morti devono essere vendicati a loro volta. A Itaca si raduna l'assemblea. I parenti dei Proci chiedono vendetta. Eupite, il padre di Antinoo, si alza piangendo. Ulisse ha portato a Troia la migliore gioventú e non sono tornati; poi qui ha ucciso i giovani migliori. Sarebbe una vergogna non fargli pagare il prezzo del sangue. Vuole vendicare l'essere piú caro, Antinoo, che ha cresciuto sulle sue ginocchia, dandogli i bocconi di cibo quando era bambino. Avrebbe preferito piuttosto morire e raggiungerlo nell'Ade, la sua vita non vale piú niente senza suo figlio. Alcuni sono piú prudenti, altri dicono che Ulisse si è solo ripagato delle offese. Ma metà dei presenti corre a casa a prendere le armi e insieme salgono verso la reggia, mentre Eupite li incoraggia gridando.

Ulisse indossa la corazza e arma i suoi seguaci, mentre Laerte vuole andare con lui, sembra che le forze gli siano tornate. Vanno incontro agli Itacesi, che salgono dal sentiero con poco ordine. Lo scontro dura poco. Quando li vede a tiro Ulisse scaglia l'asta dritta contro la testa di Eupite; l'elmo non regge e la punta gli squarcia il cervello. Gli altri sono presi dal terrore e cominciano a scappare; alcuni invece gettano le armi e chiedono pietà a Ulisse promettendo ricchi doni. I vincitori si accingono a inseguire i fuggenti e farne strage quando appare Atena nel mezzo, e impone che torni la pace tra il popolo. Gli abitanti di Itaca hanno bisogno di un re, e ora è tornato.

Sul grande letto di ulivo Ulisse e Penelope si abbracciano quella notte, i capelli di Penelope sono ancora tutti scuri come quelli delle ragazze. Anche il suo corpo ha conservato il profumo della giovinezza, i suoi occhi si chiudono nel momento in cui Ulisse la stringe, poi si riaprono per vedere quel corpo pieno di segni e cicatrici, tutta una vita di guerra. L'amore di Ulisse non ha niente di brutale. Si muove lentamente e sussurra parole alle sue orecchie, perché il piacere passa anche attraverso la voce.

Cosí anche quella seconda luna scivola dolcemente verso il suo tramonto.

Quando l'alba si avvicina Ulisse incomincia a raccontare; parla di mostri e di dèi, di tempeste e anche di donne, ma con delicatezza, lasciando in ombra quello che potrebbe dispiacere a Penelope. Ma lei capisce tutto. Davvero preferivi il mio corpo a quello di Circe e Calypso, gli chiede? Ulisse le parla di quante volte avrebbe voluto essere a Itaca e sentire il respiro di sua moglie vicino al suo, e sapere che lí accanto sta crescendo il loro figlio. Questa volta non mente. Poi parla di Tiresia che gli ha imposto di esplorare il continente e trovare un luogo in cui neppure conoscono cosa sia il mare. Dovrà ripartire presto, ma tornerà anche questa volta, presto o tardi. Penelope tace.

Le prime luci dell'alba disegnano un filo rosa sul buio dell'orizzonte. Penelope non dorme, sul muro davanti ai suoi occhi è appesa la tela piena di forme che sta uscendo dal buio per diventare anch'essa chiara, gli animali marini che la popolano cominciano a riprendere i loro colori.

Ora il sole è tutto sopra l'orizzonte. Ulisse scende

dal letto e va a contemplare dalla finestra del loggiato il mare mentre s'infiamma. Quando si gira vede Penelope che stringe nel pugno la sua spada, quella con l'elsa d'argento. La lama luccica al sole, il suo riflesso si proietta sul soffitto. Si guardano negli occhi per alcuni istanti.

Poi Penelope si volta e con due tagli netti squarcia la tela. I lembi cadono a terra, su uno si vede, ricamato, il tentacolo di un polipo.

Indice

p. 3 Prologo. Il ritorno di Telemaco

5 *Onéirata*. Aspettando che torni: le notti di Penelope

19 *Xenía*. Tori per Poseidone: il viaggio di Telemaco

45 *Aoidé*. Cantare la morte: Circe e le Sirene

73 *Eschatiá*. L'isola senza tempo: Calypso

93 *Kóre*. La palla di Nausicaa

111 *Diéghesis*. Un uomo, un racconto

137 *Nóstos*. Itaca

161 *Mégaron*. La casa

189 Epilogo. Il giorno di Apollo

Stampato per conto della Casa editrice Einaudi
presso ELCOGRAF S.p.A. - Stabilimento di Cles (Tn)

C.L. 23560

Edizione				Anno		
4	5	6	7	2019	2020	2021